Politik der Mikroentscheidur

Digital Cultures Series

Herausgegeben von Armin Beverungen, Irina Kaldrack, Martina Leeker, Sascha Simons und Florian Sprenger

Eine Buchserie des *Digital Cultures Research Lab*

Politik der Mikroentscheidungen: Edward Snowden, Netzneutralität und die Architekturen des Internets

Florian Sprenger

mit einem Vorwort von
Christopher M. Kelty

μ meson press

Bibliographische Information der
Deutschen Nationalbibliothek
Die Deutsche Nationalbibliothek verzeichnet diese Veröffentlichung in der Deutschen Nationalbibliographie; detaillierte
bibliographische Informationen sind im Internet unter
http://dnb.d-nb.de abrufbar.

Veröffentlicht von meson press, Hybrid Publishing Lab,
Centre for Digital Cultures, Leuphana Universität Lüneburg
www.meson-press.com

Designkonzept: Torsten Köchlin, Silke Krieg
Umschlaggrafik: © Lily Wittenburg

Die Printausgabe dieses Buchs wird gedruckt von Lightning
Source, Milton Keynes, Vereinigtes Königreich.

ISBN (Print):   978-3-95796-035-1
ISBN (PDF):   978-3-95796-036-8
ISBN (EPUB):   978-3-95796-037-5
DOI: 10.14619/004

Die digitalen Ausgaben dieses Buchs können unter
www.meson-press.com kostenlos heruntergeladen werden.

Diese Publikation wurde gefördert durch die Volkswagen-
Stiftung im Rahmen des Programms 'Niedersächsisches
Vorab', das Ministerium für Wissenschaft und Kultur des
Landes Niedersachsen sowie das EU-Großprojekt Inno-
vations-Inkubator Lüneburg.

Inhalt

„Decisions are a stage for many dramas."

– James G. March und Johan P. Olsen, *Ambiguity and Choice in Organizations*

45 3c 2a a5 d4 31 40 00 40 fd 47 8b 32 74 05 05 51 13 91 26

Christopher M. Kelty

Ich bin erfreut, Florian Sprengers außerordentliches Paket mit diesem Header versehen fortzusenden [*forward*]. Wie Sprenger argumentiert, gibt es keine Kommunikation ohne eine Unterbrechung wie die dieses Vorworts. Ich übermittle [*forward*] dieses Paket mit einer *time-to-live* herabgesetzt um eins – aber nicht, ohne vorab eine *Deep Packet Inspection* vorzunehmen. Ich lade die Leser ein, sich uns anzuschließen und das Buch zum nächsten Knoten weiterzuleiten.

Sprengers Text ist zugleich politische Theorie und Medientheorie. Wer glaubt, es gäbe über Paul Barans berühmten Text über distribuierte Netzwerke von 1964 nichts mehr zu sagen, wird von Sprengers Lesart überrascht sein. In der Tat wird erst im Angesicht von Snowdens NSA-Enthüllungen und einer Dekade des Kampfes für Netzneutralität die unterbrochene Botschaft von Barans Erfindung letztendlich lesbar, und sie besagt nicht das, was viele erwarten würden.

In seinem Buch unterstreicht Sprenger – vielleicht zum ersten Mal seit Baran – die Wichtigkeit von „Mikroentscheidungen", die unsere Kommunikationen von- und zueinander durch die Netzwerke leiten, auf die wir uns jeden Tag verlassen. Diese Entscheidungen unterbrechen notwendigerweise die Kommunikation, wenn auch in einer dem Menschen unzugänglichen Geschwindigkeit. Sie sind entweder auf zufriedene Weise ignorant oder auf ängstliche Weise misstrauisch für jedes Wort und erlauben uns, zu twittern, zu chatten, zu streamen und zu posten. In der Tat werden heute in jedem Akt der Kommunikation verwirrend viele Entscheidungen an allen Knoten unserer Netzwerke getroffen. Sie verteilen Petabytes an Daten gemäß der

Aufgaben, Regeln und Codes, deren Konzeption, Gesetzgebung und Anwendung komplex, verworren und manchmal kaum noch nachvollziehbar sind.

Sprenger betont, dass Barans Erfindung eines Kommunikations-systems „im Fließen sprudelt", „flows in bursts" – eine Kohärenz im Widerspruch, die zugleich die Erfahrung eines Echtzeit-Kommunikationsnetzwerks und die Realität seiner konstanten Unterbrechung ermöglicht. Barans Artikel dreht sich um die Notwendigkeit, Nachrichten an jedem Knoten zu prozessieren, eine Möglichkeit, die nur im Zeitalter digitaler Computer denkbar ist, denn erst sie können genug Zeit damit verbringen und, wie Postbeamte, die zu viel Kaffee getrunken haben, Tag und Nacht Informationen über Botschaften und den Status des Netzwerks zu vergleichen und zu sortieren.

Ich prozessiere das Paket, mit dem dieser Text versandt wird, an der University of California in Los Angeles – nur wenige Blocks von dem Ort, an dem Baran seinen Text für RAND verfasst hat. Die UCLA schmückt sich, auch ohne angemessene Begründung, gerne als „Geburtsort des Internets". Tatsächlich handelt es sich um „den Ort, an dem die erste Host-Host-Verbindung über das erste universelle Packet-Switching-Netzwerk initiiert wurde, sieht man von dem Netzwerk ab, das die Mitarbeiter von BBN [Bolt Beranek and Newman, eine Hardware-Firma an der Ostküste – Anm. d. Ü.] über Fernschreiber direkt in ihre Minicomputer speisten, um ihren Algorithmus vorzuführen"[1] – aber das passt auf kein T-Shirt. Mit dem ersten *Interface Message Processor* (IMP) kann die UCLA hingegen prahlen. Der IMP ist genau jener „Mikroentscheider", der im Herzen von Sprengers Geschichte steht, ein Minicomputer, dessen einzige Aufgabe es 1969 war, Informationen über den Status des Netzwerks zu sammeln, den Header zu schreiben, Entscheidungen über Pakete zu fällen

---

1   Ich danke Bradley Fidler vom *Kleinrock Center for Internet History* für diese Präzisierung der Rolle der UCLA, die ansonsten signifikant ist, auch wenn es sich nicht um den Geburtsort handelt.

und sie zum nächsten IMP oder einem Host mit IMP-Verbindung
zu senden. Angesichts der gestiegenen Prozessorleistung und
Speicherkapazität sind IMPs lange verschwunden und ihre Funktionalität in die Betriebssysteme von Minicomputern, Mainframes
und Servern integriert worden. Dadurch konnte das standardisierte Set von Protokollen, das wir unter dem Namen TCP/
IP kennen, ein ubiquitärer Bestandteil von Milliarden Geräten
werden. Heute tragen wir unsere Entscheider mit uns herum,
wenn auch nicht in unseren Taschen.

Man kann dennoch fragen, ob hier nicht mehr als eine Art des
Entscheidens am Werk ist. Handelt es sich um Entscheidungen
einer Demokratie – eine Ausübung von Gesetzen? Die Mikroentscheidungen unserer IMPs sind keine singulären Entscheidungen
des Souveräns à la Carl Schmitt, sondern erzeugen allenfalls
lokale Ausnahmen, und wenn sie dies tun, dann weil es das Ziel
ihres Designs ist, ein Paket eine andere Route nehmen zu lassen,
das Netzwerk auf den aktuellsten Stand zu bringen und Macht
an andere Mikroentscheider zu delegieren. Wir haben es also
mit einer Radikalisierung der Ausübung von Gesetzen zu tun,
vielleicht dem elaboriertesten und umfassendsten System zur
Gesetzesausübung, das je erdacht wurde. Lawrence Lessigs
berühmtes Bonmot „Code is Law" wäre für Sprenger ein Ausgangspunkt, und sogar diese provokante Gleichung lässt viele
Fragen offen. Denn eine solche Gesetzesausübung involviert
zumindest zwei Aspekte des Entscheidens – den *legislativen* und
den *administrativen*.

Die Mikroentscheidungen der IMPs sind höchstwahrscheinlich
als *administrativ* zu verstehen – nicht als die maßgebliche Ver-
kündung von Gesetzen, sondern als ihre Ausführung. Zusammen-
genommen bilden diese Mikroentscheidungen eine blendend
schnelle, hypereffektive, automatisierte, neutrale Bürokratie.
Aber es ist eine utopische Bürokratie: der *Traum von einer
Bürokratie ohne Korruption*. Diese Art des Entscheidens wird
schnell und überall pervertiert – so sehr, dass sie die Forschung
zur Cyber-Security weltweit pausenlos beschäftigt.

14 Das legislative Entscheiden im Internet ist von anderer Art. Es handelt sich nicht um Maschinen-, sondern um Design-Entscheidungen jener, die diese Maschinen planen, implementieren, programmieren, am Laufen halten und updaten. In einer Demokratie ist das Festlegen von Regeln eine prozedurale Lösung für die Probleme der Politik – etwas, dass uns im besten Fall davon abhält, uns wegen unserer Differenzen gegenseitig umzubringen. Die arbiträren Kräfte unserer Mitmenschen oder die fanatischen Differenzen in Hobbes' Naturzustand sollen in einem Prozess der Beratung, Debatte und Entscheidung aufgehoben werden. Und dennoch sind für das Internet Entscheidungen in dem Sinne arbiträr, dass keine demokratische Prozedur sie hervorgebracht hat. Diese legislativen „Mikroentscheidungen" der Ingenieure, Softwarearchitekten, Protokoll-Designer sowie der Administratoren von Netzwerken, Software, Backbones und Interfaces sind weitestgehend undemokratisch – insbesondere, wenn sie von großen, undurchsichtigen Unternehmen wie Nokia, Motorola, Google, Apple, Cisco, Level3, T-Mobile oder Sprint getroffen werden, die in unterschiedlichem Ausmaß den Bedürfnissen der globalen Sicherheits- und Cyberkrieg-Eliten in den Regierungen gehorchen müssen.

Das bedeutet, dass diese Demokratie auf *epistemè* und nicht auf *doxa* basiert: kein Clash der Meinungen im Wahlkampf oder im öffentlichen Raum, sondern eine Herrschaft der Philosophen-Könige des Internets: Ingenieure, Designer, Manager, Akademiker, Militärstrategen. Seltsamerweise ist das Internet einmal als explizites Gegenmodell zu einer solchen Republik gedacht worden. Die wahre Radikalität des Internets war nicht seine technische Struktur (Packet Switching, End-to-End, TCP/IP usw.), sondern das offene System überprüfbarer Standards, die von der *Internet Engineering Task Force* bewahrt wurden – einer Organisation mit schwindender Macht über die globalen Netze, die ihr zur Existenz verholfen haben. Das sagenumwobene Verfahren der IETF, *Requests for Comments* im öffentlichen Raum des Internet zu posten, zielte auf eine Demokratie des legislativen

Entscheidens, auch wenn die utopische Vision nie mit der kom-
petitiven Autokratie der Telekommunikations- und Netzwerk-
unternehmen sowie deren Überwachungs-Herrschern Schritt
halten konnte.

Auf diese Weise lastet auf diesem (unverfassten) Moment einer
Verfassung in der Gründung des Internets (RFCs, die IETF und
das Versprechen der Neutralität – alles in allem ein an Rawls
gemahnender Moment) das Gewicht der Macht. Als „mystischer
Grund der Autorität" begleitet er sowohl Techniker wie Aktivisten
(also uns, die weiterhin Netzneutralität und ein überwachungs-
freies Internet fordern), auch wenn diese Verfassung von innen
her zerlegt wird durch die unerbittliche „Tyrannei des Gewinn-
strebens", die jede Innovation, jedes Update und jede Wartungs-
arbeit antreibt.

Und so haben wir stattdessen – wie dem Anschein nach immer –
eine repräsentative Demokratie. Eigentümlich wie sie ist, besteht
sie aus ungewählten Experteneliten, deren besonderes Interesse
es war, ein System zu bauen, das der Macht ungewählter
Experteneliten widerstehen würde. So sieht heute das Versprechen eines demokratisierenden Internets aus, aber nicht
notwendigerweise eines demokratisch eingeführten. Der Traum
eines demokratisierenden Internet besteht nicht nur darin, dass
es die Demokratie fördern oder verwirklichen werde, sondern
dass es beständig offen für die Zukunft sein soll, dabei aber
anpassungsfähig bleibt. Die Hoffnung lautet, dass man es immer
verändern, regelmäßig Entscheidungen überdenken oder den
Missbrauch von heute mit den Möglichkeiten von morgen aus-
balancieren können wird. Vielleicht.

Aber es gibt eine andere Seite. Kobolde [engl. imps, Anm. d. Ü.]
sind keine Entscheider, sondern Trickster, Gremlins, Parasiten
im Sinne Michel Serres'. Sie erfreuen sich daran, menschliche
Kommunikation zu unterbrechen. Diese ambivalente Figur
bleibt notwendig, wenn wir das politische Feld des heutigen
Internets in den Blick nehmen. Auf der einen Seite können

wir nach Snowden keine Illusionen von einem Netzwerk ohne Kontrolle, Überwachung, Verschwörung und Täuschung mehr hegen. Auf der anderen Seite können wir jedoch Illusionen eines vollkommen neutralen, demokratisierenden Netzes pflegen – eine „Fantasie der Revolution ohne Schrecken".[2] Wenn unsere Knoten schelmisch sind [engl. impish, Anm. d. Ü.], dann machen sie die *exploits*, Attacken, Hacks und Streiche möglich, welche das gegenwärtige Netz durchziehen und verwirren. Sie führen zu Unvorhersagbarkeit, Konfusion, Zusammenbruch, Neurose: Unentscheidbarkeit. Perfekte Kontrolle bleibt selbst für die NSA außer Reichweite.

Aber selbst wenn Entscheidungen un- oder gegendemokratisch gefällt werden, erzeugen sie nichtsdestotrotz den kommunikativen Boden für jede Art öffentlicher Auseinandersetzung, und aus diesem Boden erwachsen die Figuren politischer Rationalität in der post-Internet-Ära. Neutralität, Anonymität, Privatheit und Verschwörung benennen Aspekte dieser politischen Rationalität – aber sie gehören zu einem Internet, das uns nicht mehr gehört, einem Internet, das unterbrochen wurde. Es wirkt so, als hätten die Ingenieure des alten Internets die Botschaft gesendet, dass dieses Netzwerk neutral und demokratisch sei – aber das war vor langer Zeit und viele Entscheidungen bevor Juristen, Soziologen und Medientheoretiker diese Botschaft empfingen, auch wenn ihre Übertragung instantan, in Echtzeit, unmittelbar wirkte – vielleicht sogar geschichtslos. Das Netzwerk wurde neutral genannt, unsere Karte wurde aktualisiert, *time-to-live* wurde heruntergezählt, das Netzwerk versprach Demokratie, aber die Botschaft kam zu spät, weil die Botschaft *immer* zu spät kommt.

---

2   Ich übernehme diese schöne Formulierung von Rosalind Morris.

Decodierter Header dieses IP-Pakets:

- Version: 4
- Header length: 5 (20 bytes)
- TOS: 0x3c (See page 11, RFC 791 – Netzneutralität hat nie existiert)
- Total Length: 0x2aa5 (11889 Bytes)
- Identification: 0xd431 (zufällig)
- Flags and Fragments: 0x4000 (Nicht fragmentieren | 13 bit offset)
- TTL: 0x40 (64 hops)
- Protocol: 0xfd (experimentell)
- Header Checksum: 0x478b
- Source: 0x32740505 (50.116.5.5[kelty.org])
- Destination: 0x51139126 (81.19.145.38[floriansprenger.com])

Übersetzt von Florian Sprenger

Einleitung

Jedes Bit, das als Teil eines Datenpakets aus den Weiten der
digitalen Netze eines unserer Endgeräte erreicht und dort
mit anderen Bits zu einem Text, einem Bild oder einem Klang
verarbeitet wird, hat eine lange Reise durch unsichtbare
Infrastrukturen hinter sich. Auf ihrem Weg durchqueren alle
Bitpakete zahlreiche Knoten, an denen in der kurzen Zeitspanne
einer temporären Zwischenspeicherung mittels festgelegter
Protokolle eine Reihe von Mikroentscheidungen getroffen
werden – eine Entscheidung über den besten Pfad zum Ziel,
eine Entscheidung über die Verarbeitungsgeschwindigkeit, eine
Entscheidung über die Priorität zwischen den ankommenden
Paketen. Diese Mikroentscheidungen unterbrechen den Strom
der Daten, um ihre Verteilung zu kontrollieren. Sie sind nicht an
individuelle Entscheider gebunden, sondern so wirksam, weil sie
automatisiert in unüberschaubarer Anzahl und kürzester Zeit
nach einem festen Regelwerk vonstattengehen.[1] Sie verschränken
soziale und technische Ebenen: Ihr protokollarisches Regelwerk
ist in Aushandlungsprozessen zwischen verschiedenen Interes-
sengruppen festgelegt worden und sie erzeugen Verbindungen
oder Trennungen zwischen den Menschen an den Endpunkten
des Netzes, aber sie sind technisch durch verbindliche Protokolle

---

1   Alexander Galloway hat in *Protocol* ausführlich die Bedeutung der Pro-
    tokollarchitektur des Internets als Modus der Machtausübung in Kontroll-
    gesellschaften beschrieben: „Protocol is how technological control exists
    after decentralization." (Galloway 2004, 8) Auf diesem Ansatz aufbauend
    wenden sich die hier verfolgten Überlegungen den Mikroentscheidungen zu,
    die durch diese Protokollarchitektur ermöglicht werden. Wo bei Galloway
    die Mechanismen der Macht eher unspezifisch bleiben und Protokolle als
    gegeben erscheinen, wird hier nach den Bedingungen, Orten und Zeiten
    ihrer Ausübung gefragt. Trotz der zehn Jahre, die seit dem Erscheinen von
    Galloways Buch vergangen sind, hat sich an der Brisanz seiner Thesen kaum
    etwas geändert, was es sinnvoll macht, sie auf die seitdem geführten Dis-
    kussionen um Netzneutralität und die Enthüllungen Edward Snowdens zu
    erweitern.

für den Ablauf von Prozessen implementiert.[2] Ihre Reihenfolge ist strikt festgelegt und sie laufen streng automatisiert unabhängig von den kommunizierenden Personen und den Inhalten ihrer Kommunikation ab. In ihrem Hintergrund stehen politische sowie ökonomische Erwägungen, weil die technische Fortentwicklung digitaler Netzwerke bei ihnen ansetzt. In dieser vielschichtigen Gestalt bilden Mikroentscheidungen eine bislang viel zu wenig beachtete Dimension von Kontrolle und Überwachung im 21. Jahrhundert, die in digitalen Netzwerken neue Formen angenommen haben. Sie stellen die kleinste Einheit wie die technische Voraussetzung einer gegenwärtigen Politik der Netzwerke dar – und des Widerstands gegen sie.

Mikroentscheidungen erscheinen zunächst als Effekt der gegenwärtigen Veränderungen und als technische Manifestation globaler Machtausübung. Doch diese Perspektive allein greift zu kurz. Angesichts der Durchdringung unseres Weltzugangs und des Sozialen mit Formen digitaler Übertragung wird deutlich, wie tief diese Mikroentscheidungen in der Gegenwart verankert sind. Dieser Essay sucht einige ihrer Orte und Zeiten auf, denn erst ihre Lokalität und ihre Temporalität geben Aufschluss über die ihnen eigene politische Dimension. Sie finden nicht in Parlamenten, Politzentralen oder Polizeistationen statt, sondern in Rechenzentren oder Serverfarmen, mithin auf der Ebene technischer Infrastrukturen. Sie sind auch auf unseren eigenen Computern, Devices und Gadgets zu Hause. Ihre Orte sind die Knoten von Netzwerken.

Die Zeit der Mikroentscheidungen ist die Unterbrechung, die jede Übertragung an jedem Knoten aufs Neue stoppt, damit über die Richtung und die Priorität ihrer Weiterleitung entschieden werden kann. Ohne diese Entscheidungen gibt es

---

2   Diesen Fragen der Internet Governance, der politischen Bedeutung der Festlegung von Protokollen und Standards sowie den Schwierigkeiten ihrer Implementierung ist Laura DeNardis ausführlich nachgegangen: DeNardis 2014.

keine Übertragung. Dass die Übertragung beständig unterbrochen wird, bedeutet nicht nur, dass sie nie in vermeintlicher Echtzeit vollzogen, niemals Menschen unmittelbar verbinden und keinen direkten Zugriff auf die Welt erlauben wird. Unterbrechungen sind auch die Voraussetzung von Entscheidungen. Entscheidungen brauchen Zeit. Die Unterbrechung eröffnet diese Zeit, indem sie in die Temporalität der Übertragung eine Dauer des Stillstands einfügt. Diese Dauer findet an Orten der Entscheidung statt, die lokalisierbar sind: an Netzwerkknoten, die staatlicher oder ökonomischer Gewalt unterliegen und die neueste Technik verwenden. Um die Reichweite dieser Entscheidungen zu kartieren, ist es nötig, zu wissen, wann, wo, wie und warum die Übertragung unterbrochen wird, anstatt die Unterbrechung als temporäre Störung des Gelingens von Kommunikation zu vernachlässigen.

Alle Entscheidungen für eine Weiterleitung in die eine oder in die andere Richtung und in der einen oder der anderen Reihenfolge sind somit an spezifische Voraussetzungen in Raum und Zeit gebunden. Dennoch sollten sie nicht als intentionale, menschliche Akte verstanden werden. Vielmehr werden sie gerade in ihrer Automatisierung, ihrer schieren Masse und ihrer Geschwindigkeit wirksam. Sie überschreiten menschliche Fassungsvermögen, weil sie in jeder Sekunde bei der Übertragung jedes Bitpakets gefällt werden. Mikroentscheidungen werden immer von Computern für Computer getroffen. Die Grundlage ihrer Vernetzung ist nicht nur auf der Ebene des binären Codes entscheidungslogisch strukturiert, sondern auch auf jener der Protokolle, die Verbindungen und Trennungen, Teilhabe und Nicht-Teilhabe herstellen.

Die Entstehung der Architekturen des Internets – verstanden als Regeln und Pläne, die seine Konstruktion organisieren – sowie die Herausbildung ihrer Orte und Zeiten zu verfolgen und damit einer historischen Perspektive folgend einige der technischen Voraussetzungen sowie politischen und ökonomischen Implikationen zu untersuchen, ist das Ziel dieses Essays. Sein Zweck ist es, die Politik dieser Mikroentscheidungen in den Vordergrund zu rücken und ihre Bedeutung für die Konstitution des Sozialen zu bestimmen. Denn an ihnen kann man exemplarisch den Zustand des jeweiligen politischen und sozialen Systems ablesen, innerhalb dessen sie getroffen werden. Während die protokollarische Ebene ihres Ablaufs vor allem von Alexander Galloway und Eugene Thacker bereits 2004 ausführlich beschrieben wurde und eine Reihe von Studien etwa von Janet Abbate, Sebastian Gießmann oder Mercedes Bunz die Geschichte des Internets aufgearbeitet haben, soll an dieser Stelle die Rolle der Entscheidungen herausgestellt werden. Um unsere gegenwärtige Lage und den aktuellen Zustand digitaler Kulturen zu erfassen, brauchen wir dringend Einblick in die Reichweite dieser Entscheidungen, um ihrer Vorentscheidung etwas entgegenzuhalten und die Möglichkeit ihres Andersseins hervortreten zu lassen.

Bürgerkrieg im Internet

So abstrakt die Voraussetzungen solcher Entscheidungen an dieser Stelle noch scheinen mögen, so konkret sind ihre Folgen. Schenkt man den eindringlichen Worten des Netztheoretikers Harry Halpin Glauben, wird gegenwärtig ein *Immaterial Civil War* um die Souveränität in digitalen Netzen ausgefochten. Vertreter der neuen Welt stehen jenen gegenüber, welche die Verhältnisse der alten, vordigitalen Welt in die neue überführen wollen. Das zentrale Instrument der Machtausübung einer in beiden Welten validen Souveränität bilden Mikroentscheidungen, deren bislang gültige Standards, Architekturen und Protokolle zum jetzigen Zeitpunkt zur Disposition stehen (vgl. Halpin 2013). Für Halpin und viele Netzaktivisten stellt die ursprüngliche Architektur des Internets einen Garanten für dessen demokratische, friedens- und freiheitssichernde Funktion und Netzneutralität ein digitales Grundrecht dar. Doch bereits dieser – in der Tat demokratisch gedachten – Architektur ist die Notwendigkeit von Entscheidungen eingeschrieben. Es kann kein Internet ohne

Kontrolle (wohl aber ohne Überwachung) und keine Übertragung
ohne Machtausübung (wohl aber ohne Diskriminierung) geben.[3]

Vor dem Protokoll, das die Entscheidungen anleitet, sind alle
gleich. Nach der Anwendung des Protokolls sind eine Hierarchie
und Konventionen angemessenen Verhaltens festgelegt. Sie
herzustellen ist die Aufgabe des Protokolls. Doch alles, worüber
entschieden wird und was damit übertragen werden kann, muss,
so Alexander Galloway, die Form haben, die das Protokoll zum
Zwecke der Verarbeitung vorgibt: „Standardisation is the political
reactionary tactic that enables radical openness." (Galloway 2004,
143) Die Möglichkeit, verschiedene Arten von Daten im Internet
zu verschicken, beruht auf den strengen Maßstäben, die durch
Protokolle für Entscheidungen gelten. Was nicht die vorgegebene
Form besitzt, kommt nicht ins Netzwerk. Doch der Inhalt dieser
Formen, also unserer E-Mails, unserer Telefongespräche und
unserer Browserhistory, ist von der Entscheidung entkoppelt.
Eben diese Entkoppelung dessen, was übertragen wird, von den
Verfahren des Übertragens, steht derzeit zur Disposition. Von
verschiedenen Seiten aus gibt es Bestrebungen, um die Inhalte
der Kommunikation zu wissen oder ihre Übertragung öko-
nomisch einträglicher zu machen.

Unter dem Stichwort Netzneutralität kann man einige Front-
linien der Auseinandersetzungen verfolgen und angesichts der
Enthüllungen Edward Snowdens sehen, was mit ihnen auf dem
Spiel steht. Zwischen den beiden Polen der Netzneutralität und
der Überwachung durch die *National Security Agency (NSA)*, die
nicht voneinander getrennt werden sollten, aber nur selten
miteinander in Verbindung gebracht werden, bewegen sich die
folgenden Überlegungen. Beide basieren zu wesentlichen Teilen
auf den gleichen medientechnischen Möglichkeiten von Mikroentscheidungen. Die Orte und Zeiten, an denen die Aufhebung

3   Chris Kelty hat argumentiert, dass Freiheit in digitalen Kulturen in Tech-
     nologien implementiert werden muss, um wirksam zu sein und sich ihrer
     Neutralisierung zu widersetzen (vgl. Kelty 2014b).

der Netzneutralität und die Überwachung der NSA auf technischer wie auf politischer Ebene ansetzen, sind weitestgehend identisch: in der Unterbrechung der Übertragung an den Knoten. Daher ist es umso bedeutsamer, den Zusammenhang beider Debatten zu berücksichtigen: Sie sind zwei Seiten einer Medaille, der gleichermaßen die Technologien und die Architekturen der Übertragung eingeprägt sind. Zwar weisen sie in vielerlei Hinsicht in unterschiedliche Richtungen – es geht um andere Ökonomien, um andere politische Zwecke und um andere juristische Begründungen. Doch aus medientheoretischer Sicht sind ihre Einsätze eng verwandt und ihre Stellungen in der Gegenwart benachbart.

Wenn im Folgenden von Kontrolle die Rede ist, so ist damit die Datenverteilung an den Knoten und Backbones der Provider gemeint. Kontrolle als Abgleich von Ist- und Soll-Zustand bedeutet demnach Einsicht in den sogenannten Header, um zu prüfen, ob das Paket dem Protokoll genügt und den Zugriff auf die Entscheidung, wann und wohin das Paket weitergeleitet werden soll. Unter Überwachung hingegen verstehe ich Versuche, durch Einsichtnahme Wissen über den Inhalt der Pakete oder durch Metadatenanalyse sowie graphentheoretische Anwendungen Aufschluss über die sozialen Netzwerke der Kommunizierenden zu erlangen. Diese Unterscheidung zwischen Kontrolle und Überwachung ist wichtig, weil die Kontrolle eines Netzes automatisiert sein kann und einen notwendigen Bestandteil der Netzarchitektur bildet. Kontrolle impliziert jedoch notwendigerweise die Möglichkeit – aber nicht die Existenz – von Überwachung. Überwachung ist in letzter Instanz trotz der mächtiger werdenden Potentiale ihrer Automatisierung immer auf eine Intention zurückzuführen und dahingehend alles andere als beliebig. Denn es gibt eine ganze Reihe von Akteuren, die nicht nur Interesse an diesem durch automatisierte Überwachung verschafften Wissen haben, sondern das Regelwerk der Protokolle festsetzen oder unterlaufen können. Provider möchten zeitkritische von weniger zeitkritischen Daten unterscheiden, um ihre

Angebote kundenfreundlich zu leisten und den Netzwerkbetrieb aufrecht zu erhalten. Geheimdienste und Cyberkriminelle leben
von diesem Wissen.

In den letzten Jahren wurden intensive Debatten um die
Forderung geführt, dass Provider, die zahlenden Usern Zugang
zum Netz bereitstellen und denen Internetknoten und Hubs
gehören, die aller Traffic durchqueren muss, Datenpakete
gleichberechtigt und ohne Interventionen oder gar Einblick-
nahme transportieren sollen. Diese Debatten, die im ersten Teil
dieses Essays behandelt werden, haben eine brisante Voraussetzung: Um bestimmte Pakete bevorzugt zu behandeln, muss
bekannt sein, was sie enthalten. Die Überwachung des Datenverkehrs impliziert eine Nicht-Neutralität des Netzes. Kontrolle
hingegen ist als Management nicht nur die Voraussetzung von
Datenverkehr, sondern damit auch von Neutralität. In den
gängigen Internetprotokollen gewährleistet Kontrolle, dass überhaupt etwas übertragen werden kann, weil alle Pakete gleich
behandelt werden. Neutral am Netz sollen die Entscheidungen
über Reihenfolge, Geschwindigkeit und Zuverlässigkeit der
Übertragung sein, das heißt die Kontrolle der Verteilung von
Paketen hinsichtlich ihrer Inhalte, ihrer Volumen, ihrer Nutzer,
ihrer Dienste oder ihrer Anwendungen. Neutral können solche
Mikroentscheidungen nur sein, wenn unbekannt bleibt, was
übertragen wird. Dies ist bei mit dem Protokoll TCP/IP übertragenen Datenpaketen idealer- oder verschlüsselterweise
der Fall, weil das Protokoll nur den Header auszulesen erlaubt.
Genau dies steht momentan für Internet-Provider zur Disposition
und wird von der NSA und anderen Überwachungsagenturen
unterminiert, während Institutionen wie die nordamerikanische
Federal Communications Commission (FCC) versuchen, legale
Grundlagen für eine nachhaltige Netzneutralität zu legen. Von
denselben technischen Grundlagen ausgehend setzt die von allen
Akteuren verwendete Hardware am gleichen Ort und zur gleichen
Zeit an: in der Unterbrechung der Übertragung zum Zweck der
Entscheidung.

Kontrolle basiert auf den Metadaten aus dem Header eines
Pakets, die, einem Paketschein vergleichbar, für jeden Knoten
lesbar sein müssen. Sie enthalten die Sende- und Zieladresse
sowie weitere Verarbeitungsanweisungen.[4] Bei Kontrolle im Sinne
des Netzwerkmanagements werden diese Metadaten üblicher-
weise nicht gespeichert. Aus ihren Mustern lassen sich jedoch mit
den Verfahren der Graphentheorie Rückschlüsse über die Inhalte
anstellen. Sie zeigen Querverbindungen und Zielkriterien. Die
Metadaten mobiler Medien sind um ein Vielfaches informativer
als jene statischer Adressen, weil sich mit ihnen Bewegungs-
profile erstellen lassen.[5] Überwachung muss dementsprechend
nicht zwangsläufig auf Inhalte zielen, sondern kann ebenfalls
mit Mustern, Patterns und Adressen operieren, die der Kontrolle
zugrunde liegen. Auf diese Weise kann sich selbst einer neutralen
Übertragung ein geheimer Akt der Überwachung anhängen, der
diese Neutralität unterläuft. Auch der von der NSA überwachte

4   Der rechtliche Status dieser Metadaten ist weiterhin ungeklärt. Während
    die US-Regierung argumentiert, dass Metadaten nicht privat seien, weil
    sie zum Versand von Nachrichten zugänglich sein müssen, ihr Absender
    also unweigerlich in das Auslesen durch eine dritte Partei einwilligt, steht
    eine juristische Entscheidung dieser Frage noch aus. Momentan wird die
    massenhafte Sammlung von Metadaten durch die NSA mit der Sektion
    215 des *Patriot Act* begründet, die solche Maßnahmen zum Zweck der
    Terrorismusbekämpfung auch ohne richterliche Anweisung ermöglicht. Aus
    diesem Grund hat Barack Obama in seinem ersten Statement zu Snowden
    hervorgehoben, dass die Regierung streng zwischen Inhalten und Meta-
    daten unterscheide (vgl. White House 2013). Es gibt jedoch Anzeichen,
    dass der US Supreme Court nach dem Auslaufen des *Patriot Act* im Juni
    2015 argumentieren wird, dass sich mit digitalen Netzen die Vorausset-
    zungen und das Verständnis von Privatheit so sehr verändert hätten, dass
    neue Richtlinien notwendig würden, Metadaten als privat einzustufen.
    Dann bräuchte die NSA für die Daten jeder einzelnen Person eine eigene
    richterliche Erlaubnis (vgl. M. Cohn 2014). In Europa ist diese Entscheidung
    bereits getroffen: Metadaten werden wie die IP-Adresse gemäß der EU-
    Rechtsprechung zur Privatsphäre als privat behandelt.
5   Wer etwa auf seinem Smartphone das Betriebssystem *Android* nutzt und
    seine *location-based services* mit *Google Maps* verknüpft hat, kann sich auf
    http://maps.google.com/locationhistory/ ansehen, welche Bewegungsdaten
    Google gespeichert hat.

Traffic kann netzneutral übertragen sein – doch diese Neutralität
ist dann nicht mehr viel wert.

Die um diese Fragen geführten Debatten sind der jüngste und
vielleicht spannungsreichste Ausdruck der Forderung, die Festlegung der Regelwerke solcher Entscheidungen nicht im Privaten
oder Geheimen und über die Köpfe der Betroffenen hinweg zu
fällen, sondern weiterhin öffentlich zu verhandeln. In diesen
Debatten vermischen sich auf eine folgenschwere Weise die technischen Grundlagen des Internets mit politischen Forderungen
nach einer demokratischen Fundierung der Vernetzung – anders
gesagt, es zeigt sich, dass Netzpolitik ohne technisches Wissen
nicht auskommt und dass technische Netzwerke nie unpolitisch
sein können. Meine Überlegungen folgen daher der Intuition
Chris Keltys, Netzwerke nicht als Erklärungen, sondern als das
zu Erklärende anzusehen (vgl. Kelty 2014a). In dieser Hinsicht hat
das Ereignis der Enthüllungen Snowdens, einem Gedanken Geert
Lovinks zufolge, das Zeitalter der ‚neuen Medien' beendet, die
letzten Reste naiver Cybereuphorie weggeschwemmt und in aller
Deutlichkeit gezeigt, dass das Internet ein politischer Raum ist
(vgl. Lovink 2014).

Um zu verstehen, was dabei auf dem Spiel steht, wendet sich der
eher auf medienarchäologischer Ebene ansetzende zweite Teil
dieses Essays einem 1964 von Paul Baran verfassten technischen
Paper zu, das unter dem Titel *On Distributed Communications
Networks* die theoretische Grundlage für das liefert, was wir
heute Internet nennen (vgl. Baran 1964d). Der Text formuliert
unter dem Stichwort *packet switching* erstmals das Prinzip, ein
Übertragungsnetz für in Pakete unterteilte digitale Daten auf
Mikroentscheidungen an jedem Knoten und nicht länger auf
Verarbeitung beim Sender oder Empfänger zu gründen. Er bildet
damit eine Blaupause für die aktuellen Debatten, weil er die
bis heute gültigen Orte und Zeiten der Entscheidung benennt.
Angesichts der gewandelten Herausforderungen wird bei seiner
Lektüre offensichtlich, welchen epistemologischen Voraus-
setzungen noch die gegenwärtigen technischen Verfahren

gehorchen, wie sie diese Voraussetzungen mitunter verdecken und wo ihre politischen Potentiale oder Gefahren liegen.

Sozialität und Technik

Von Entscheidungen zu sprechen, diesen sozialtheoretisch geprägten Begriff zu entwenden und eine Scheidung zu postulieren, deren Maß von jemandem festgelegt worden sein muss, bedeutet noch nicht, hinter ihrem Ablauf eine Intention zu vermuten. Vielmehr geht mit jeder in digitalen Netzwerken mit der Hilfe von Protokollen getroffenen Mikroentscheidung die Macht über Entscheidungen aus den Händen menschlicher Entscheider an Maschinen über. Die Maschinen, die Entscheidungen leisten, werden ohne Frage weiterhin von Menschen hergestellt und verwaltet, ihre Protokolle und Algorithmen festgelegt und programmiert. Auch das Maß, nach dem entschieden wird, wird notwendigerweise in langwierigen institutionellen Aushandlungen festgelegt. Doch die Masse an Mikroentscheidungen kann nur von Computern geleistet werden und unterliegt den technischen Definitionen des Gelingens digitaler Kommunikation in computergestützten Netzwerken. Sie sind gerade deswegen so wirksam geworden, weil sie den umständlichen menschlichen Akt der Entscheidungsfindung umgehen.

Der Akt der Entscheidung sollte nicht mit diesem Auswahlprozess zwischen möglichen Optionen durch Entscheidungsfindung verwechselt werden. Sie wird durch Protokolle und Algorithmen erledigt. Eine Ent-Scheidung ist auch in einem technisch und mathematisch definierten Kontext mehr als die Ausführung eines vorab festgelegten Protokolls oder eines programmierten Algorithmus. Mikroentscheidungen sind keinesfalls lediglich mechanische, determinierte und deswegen unterkomplexe Vorgänge. Sie sind als Unterbrechungen fester Bestandteil jeder Kommunikation in digitalen Netzen.

Wer wie mit wem verbunden sein kann, wer von wem getrennt ist, hängt von diesen Entscheidungen ab. Die Voraussetzung jeder

Verbindung ist ihre Unterbrechung. Statt also von einer technischen Determination sozialer Prozesse oder einer Vorgängig-
keit sozialer Intentionen vor technischen Abläufen zu sprechen,
gilt die hier verfolgte Perspektive einer prozeduralen Eskalation,
welche sich zwischen automatisiertem Vollzug und politischem
Interesse, zwischen Technischem und Sozialem abspielt. Die
Beschreibung von Algorithmen und Protokollen allein, so wichtig
sie zum Verständnis digitaler Kulturen auch sein mag, erfasst die
Akte der Entscheidung noch nicht. Sie bringen eine eigene Politik
mit sich und gehen nicht in der jener Kommissionen auf, die Protokolle festlegen. Deshalb sollte eine Machtanalyse in der Gegenwart digitaler Kulturen bei den technischen Infrastrukturen, ihren
Rekonfigurationen des Sozialen und damit ohne Abgrenzung von
menschlichen und technischen Akteuren operieren.

In Frage steht damit nicht nur, wie durch die digitale Vernetzung
Individuen zusammengeschlossen werden, sondern auch die
Handlungsfähigkeit dieser Verbünde. Erst durch die Herstellung
von Verbindungen in Netzwerken, durch eine auf materiellen
Grundlagen beruhende Konnektivität kann jene Kollektivität
entstehen, die Eugene Thacker als „aggregation of individuated
units" (Thacker 2004) beschrieben hat. In ihrer Aggregation
organisieren sich Individuen zu kollektivem Handeln.[6] Konnektivität ist demnach eine Voraussetzung von Kollektivität,
von handlungsfähigen, intentionalen Gruppen, resultiert aber
keineswegs zwangsläufig in ihr. Der Umkehrschluss dieser
These wird von Thacker nicht explizit gemacht: Die Zerstörung
von Konnektivität verhindert Kollektivität. Wer wie mit wem
verbunden ist, entscheidet darüber, wer wie was mit wem
gemeinsam tun kann. Über die Herstellung oder Trennung von
Verbindungen zu entscheiden, sie aufrechtzuerhalten oder sie
zu verhindern, bedeutet demnach, Macht auszuüben – eine
Macht, die angesichts der durch digitale Medien multiplizierten

6   Leider ist die deutsche Übersetzung des Textes sehr ungenau und
     irreführend, indem sie an die Stelle von ‚distributed' ‚dezentriert' setzt (vgl.
     Thacker 2009, 33).

Relationen und ihrer ökonomischen Ausschöpfung nahezu täglich an Bedeutung gewinnt.

Was in diesen Worten noch schematisch klingen mag, gewinnt an Brisanz, wenn man über das hinaus, was dieser Essay zu leisten vermag, die Geschichte dieser Vernetzungen parallel zur Geschichte politischer Bewegungen und ihren Rekonfigurationen des Sozialen in den Blick nimmt (so etwa in Baxmann, Beyes und Pias 2014). Die Herausforderungen bereits der vordigitalen Vernetzung und ihrer Technologien betrafen die Lebenswelt, denn sie galten der Art und Weise, wie Menschen miteinander verbunden oder voneinander getrennt sind. Unfraglich ist die Französische Revolution ebenso wenig vom Flugblatt zu trennen wie der Arabische Frühling von Twitter und Facebook, wenn auch sicherlich nicht in einem monokausalen Sinn. Doch während diese bekannten Thesen in ihrem großen Anspruch, Gesellschaft und Technik zusammenzudenken, zwischen den Polen einer vermeintlich neutralen Technik und einem Technikdeterminismus pendeln, soll der Fokus der folgenden Seiten einer anderen Ebene gelten, die in den theoretischen Auseinandersetzungen bislang zu kurz gekommen ist: den Orten und Zeiten der Mikroentscheidung über Übertragungen, den Kulturtechniken der Synchronisation (vgl. Kassung und Macho 2012), die technische Prozesse koordinieren, konkreter, den Infrastrukturen, mit denen im Internet digitale Datenpakete verteilt, Verbindungen und Unterbrechungen produziert sowie Netze begrenzt oder gesprengt werden. Aus dieser Geschichte heraus wird deutlich, wie viel von dem, was wir über die Welt wissen und was wir tun können, noch vor allen Inhalten auf der Ebene technischer Medien entschieden wird – aber auch, wo deren Grenzen liegen.

Mit dem Anspruch, die Orte und Zeiten der Entscheidung aufzusuchen, richtet sich der vorliegende Essay an Netzaktivisten wie an Medienhistoriker, an Hacker wie an Archäologen, an Politiker wie an Kulturtheoretiker. So wie er die Herausbildung eines politischen Feldes umreißen will, so will er ebenso verdeutlichen, dass die Geschichte eines Mediums immer politisch

ist und sich vor der Gegenwart, die aus ihr folgt, nicht zurück-
ziehen sollte. Dennoch bleibt er der von Georges Canguilhem
formulierten Prämisse treu, dass die Epistemologie in der
Nachhut stattfindet (Canguilhem 2006). Der Gegenwart können
wir nicht gegenübertreten, weil wir uns in ihr befinden. Wir
mögen in ihr agieren, sie uns aneignen und sie so verstehen.
Doch ihre Epistemologie, die Ordnungen ihres Wissens, erfassen
wir damit noch nicht. Aus einer historischen Perspektive heraus
können wir jedoch eine Kritik der Gegenwart formulieren, ohne
uns bedingungslos jenem Aktualitätszwang zu unterwerfen,
der alle Sachverhalte dieses Buches in dem Moment veraltet
erscheinen lässt, in dem sie gedruckt sind. Den Überlegungen
Michel Foucaults folgend erzählt eine Genealogie die Geschichte
eines Gewordenseins und konfrontiert das Gewordene so mit
seiner Kontingenz: Es ist möglich, dass alles anders hätte sein
können, und es ist möglich, dass alles anders sein wird (vgl.
Foucault 1996 sowie Saar 2008). Kritik heißt demnach, auch und
gerade im Hinblick auf Entscheidungen über Verbindungen und
Trennungen, einen Raum für das Nichtnotwendige zu schaffen
und Selbstverständnisse auszuhebeln.

Von Entscheidungen zu sprechen bedeutet in diesem Sinne
ebenfalls, zu bedenken, dass keine Entscheidung notwendig ist
und dass jede Entscheidung auch anders gefällt werden kann
– dass es möglich ist, sie zum Besseren zu modifizieren, dass
sie aber auch zu Schlechterem führen kann. Doch selbst eine
schlechte Entscheidung ist besser als gar keine Entscheidung,
die nicht mehr besser werden kann. Vorentscheidungen oder
gar die Aufhebung des Akts der Entscheidung sind immer
Beschneidungen des Möglichen.

Kontrolle und Überwachung

Die Infragestellung der Netzneutralität und die Enthüllung lückenloser Überwachung durch Geheimdienste, deren Eckpunkte auf den folgenden Seiten in der gebotenen Kürze geschildert werden sollen, haben eine technische, eine politische und eine epistemologische Dimension.[7] Sie zusammenzudenken ist Aufgabe dieses Kapitels. Verhandelt wird von so unterschiedlichen Akteuren wie Netzaktivisten, dem EU-Parlament, Telekommunikationsprovidern, Diensteanbietern, Informatikern, der FCC, Hackern und Juristen die Lösung eines technischen Problems, welches in das Internet als politischen

---

[7]   Stellungnahmen aus der Medienwissenschaft zu diesen beiden Debatten sind bislang rar, sieht man von den Überlegungen Sebastian Gießmanns, Dietmar Kammerers, Johannes Paßmanns und jüngst Gregoire Chamayous ab (vgl. Gießmann 2015, Kammerer 2015, Paßmann 2014 sowie Chamayou 2015). Dies ist verwunderlich, da sie über ihre tagespolitische Bedeutung hinaus auch von theoretischem Interesse sind, weil sie zentrale Begriffe wie Überwachung, Kontrolle, Kommunikation oder Übertragung zu schärfen und auf den Stand des 21. Jahrhunderts zu bringen helfen. An ihnen lässt sich zeigen, wo eine historisch orientierte Medienwissenschaft in aktuelle Diskussionen intervenieren und ihre Perspektiven einer politischen Kritik dienlich machen kann.

Körper interveniert und dabei nicht nur die Distribution von Information, sondern die Ordnungen der Distribution selbst betrifft. Um das Zusammenstoßen dieser drei Aspekte zu verstehen, ist es nötig, die technische Struktur des Internets, seine Übertragungsverfahren und die um sie geführten Aushandlungsprozesse im Blick zu behalten, deren Entstehung im nächsten Kapitel anhand des Modells von Paul Baran ausführlicher dargestellt werden wird. Für diese Perspektive sind weniger die an den Knoten und für die Protokolle verwendeten Rechenverfahren und Algorithmen entscheidend – sie werden in den herangezogenen historischen Texten auch nicht weiter kommentiert –, sondern vielmehr die netzarchitektonischen Fragen der Verteilung von Knoten, der Distribution von Daten und der Herstellung von Verbindungen. Denn erst auf dieser Ebene wird die enge Verschränkung technischer Lösungen, politischer Prozesse und epistemologischer Herausforderungen deutlich.

End-to-End: Die Architektur des Dazwischen

Die verschiedenen Netzwerkarchitekturen des Internets beruhen vereinfacht gesprochen darauf, dass alle übertragenen Daten in kleine, standardisierte Pakete gestaffelt sind, die jeweils unterschiedliche Pfade von Knoten zu Knoten nehmen. An jedem Knoten werden die Pakete verschiedener Absender in der Reihenfolge ihrer Ankunft verarbeitet und ihre weiterführenden Routen anhand des sogenannten Headers, einem Paketschein analog, abhängig von der Auslastung des Netzes festgelegt. Niemand muss planen oder wissen, welchen Weg ein Paket nehmen wird. Weil an den Knoten Traffic unbeachtet seiner Herkunft, der verwendeten Hardware und seiner Inhalte, aber ausschließlich in der formalisierten Weise, die das Protokoll vorgibt, weitergeleitet wird, können User bzw. die Anbieter von Diensten sicher sein, dass Daten so am Ziel ankommen, wie sie verschickt werden. Prinzipiell war dieses Verfahren von Beginn an, das heißt seit den Zeiten größerer Kapazitäten pro User vor der Entstehung des World Wide Web in den 1990er Jahren, als offener, gleichberechtigter Umgang mit allen Paketen im Sinne einer grundsätzlichen Nicht-Diskriminierung gedacht. Diesen Verfahren ist jedoch schon damals die Notwendigkeit eingeschrieben, die eingehenden Pakete an den Knoten zu organisieren und für ein Management ihrer Verteilung zu sorgen.

Was die Server und Router an den Knoten dabei leisten, definieren 1973, neun Jahre nach Barans Veröffentlichung und zu einer Zeit, als Provider noch universitäre Rechenzentren oder Forschungseinrichtungen waren, die Informatiker Vinton Cerf und Robert Kahn in ihrem maßgeblichen Paper *A Protocol for Packet Network Intercommunication*. Es beschreibt das bis heute gültige Verteilungs-Regelwerk *Transmission Control Protocol (TCP)*, das Daten in Paketform bringt und sie mit einem allgemein lesbaren Header versieht (vgl. Galloway 2004, 41 und zur Einführung Bunz 2009). Das zur gleichen Zeit entwickelte *Internet Protocol (IP)* teilt den Paketen Adressen zu, ist für das Routing von Datenpaketen zuständig und gibt die von einer Anwendung kommenden Daten an den jeweiligen Netzwerkzugang des Computers weiter. Zu TCP/IP vereint, sorgt das Protokoll dafür, dass in einem distribuierten Netz alle oder möglichst viele Pakete am Ziel ankommen. Es handelt sich um ein sogenanntes verbindungsloses Protokoll, denn vor der Übertragung muss nicht bekannt sein, dass es eine Verbindung geben wird. Bei verbindungsorientierten Verfahren, die vor allem im Telefonverkehr eingesetzt werden, wird vor der Übertragung getestet, ob eine direkte Verbindung zum Ziel besteht. TCP dient dazu, diese Verbindung im Akt der Übertragung und während des Transports herzustellen, so dass über einen Netzzugang verschiedene Anwendungsprotokolle wie das *File Transfer Protocol* (*FTP*), das *Simple Mail Transfer Protocol* (*SMTP*) oder das für das Internet wichtige *Hypertext Transfer Protocol* (*HTTP*) verwendbar sind und mehrere Nutzer eine Leitung parallel nutzen können.[8]

---

8   Vgl. zu den technischen Details der verschiedenen Protokollebenen die sehr
     hilfreiche Einführung Plate 2004.

Nach dem Modell des Textes von Cerf und Kahn operieren Knoten als Black Boxes, einfach und fehlerresistent, aber unbeteiligt an dem, was durch sie hindurchgeht und auf der Grundlage variabler Hardware. Von den MIT-Informatikern Jerome Saltner, David Reed und David Clark – alle Beteiligten in dieser Entwicklungsphase sind männlich – wird diese Struktur 1984 in einem einflussreichen Aufsatz als *End-to-End-Principle* bezeichnet. Demnach kann ein Netzwerk „completely and correctly be implemented only with the knowledge and the help of the application standing at the end points of the communication system." (Saltzer, Reed und Clark 1984, 287) Im Umkehrschluss impliziert die Tatsache, dass allein die Programme auf den Endgeräten für die Verarbeitung zuständig sind, die Neutralität der Knoten, die einzig über die Fähigkeit des Routings verfügen. Neutralität bedeutet in diesem Sinne nicht, dass keine Entscheidungen getroffen werden, sondern dass diese unabhängig von den übertragenen Inhalten und der von den beiden Seiten verwendeten Hardware bleiben.[9] Das Protokoll legt entsprechend nicht die Akte von Entscheidungen, sondern ihr Regelwerk fest.

Der durch das Protokoll erlaubte Zugriff ist daher auf den Header beschränkt und kann mit den Daten im Body nichts anfangen. In einem *Request for Comments (RFC)* von 1996, einem organisatorischen, öffentlichen Dokument, mit dem Informatiker die Gestaltung von Netzwerken koordinieren und standardisieren, beschreibt Brian Carpenter, Netzwerkingenieur am CERN, darauf aufbauend das *End-to-End-Principle* als essentielles Element der Internetarchitektur: „The network's job is to transmit datagrams as efficiently and flexibly as possible. Everything else should be done at the fringes" (Carpenter 1996). Dieses Prinzip,

9   Von einigen Providern wird diese Hardwareneutralität jedoch durch den sogenannten Routerzwang ausgehebelt, indem sie aus kommerziellen Interessen nur bestimmte Modelle zulassen oder Funktionen erst nach Zahlung einer Gebühr freischalten. Deutlich wird daran auch, dass die Offenheit für unterschiedliche Hardware von Beginn an von einem ökonomischen Interesse der Industrie getrieben war.

das in den drei zitierten Texten schrittweise verfeinert wird,
ermöglicht, dass Knoten alle Pakete unabhängig von der zuge-
ordneten Anwendung, dem jeweiligen User, der verwendeten
Hardware und dem Inhalt transportieren können. Was mit
den Daten in den Paketen geschieht, legen die Anwendungen
auf den Endgeräten fest. *End-to-End* erlaubt, in drei Punkten
zusammengefasst, eine Flexibilität technischer Lösungen, weil die
Knoten nicht in Rechenprozesse involviert sind, eine politische
Freiheit der Inhalte, weil jeder Teilnehmer alles verschicken kann,
und schließlich ein ökonomisches Potential, weil neue Dienste
ungehindert wachsen können (vgl. zum *End-to-End-Principle* Bendrath und Mueller 2010 sowie Gillespie 2006).

Da die Aufnahme- und Verarbeitungskapazitäten jedes Knotens
technisch begrenzt sind, droht bei zu hoher Auslastung trotz
aufwändiger Synchronisationsverfahren die Verlangsamung
der Übertragung oder der Verlust von Paketen. An den Knoten
werden die Pakete, dem ursprünglichen Protokoll zufolge,
schnellstmöglich in der Reihenfolge ihres Ankommens verarbeitet (*Best-Effort-Principle*). Wenn mehr Pakete ankommen als
Zwischenspeicher oder Bearbeitungszeit zur Verfügung steht,
werden sie nicht angenommen, gehen verloren oder werden
gelöscht. „If all available buffers are used up, succeeding arrivals
can be discarded since unacknowledged packets will be retrans-
mitted" (Cerf und Kahn 1974, 645). Dies stellt insofern kein Problem dar, weil der Verlust von Paketen in diesem Modell bereits
einkalkuliert ist: „No transmission can be 100 percent reliable."
(Cerf und Kahn 1974, 644) Die Redundanz der Übertragung gilt
seit Baran als höchstes Ziel jedes Netzwerkmodells und wird
auch von Cerf und Kahn fortgeführt: Nicht nur bei der Zerstörung
von Knoten, sondern auch beim Verlust einzelner Pakete soll das
Netzwerk weiterhin operationsfähig sein. Automatisch werden
daher Ersatzlieferungen vom vorhergehenden Knoten ange-
fordert, wenn etwas fehlt. Der empfangende Knoten sendet eine
Bestätigung für das Paket an den vorherigen Knoten und die
digitale Kopie auf dem Ausgangsknoten wird gelöscht. Kommt

keine Empfangsbestätigung, wird das Paket erneut auf einer anderen Route versandt. Angesichts der seit der globalen Verbreitung des Internets rasant steigenden Datenmengen kommt es jedoch zu einer mitunter auch für den User daheim spürbaren Verzögerung, wenn in den Stoßzeiten die Knoten dauerhaft überlastet sind und Anfragen gar nicht mehr verschickt werden.

Engpässe der Übertragung

Die aktuellen Debatten drehen sich vorrangig darum, wie Provider mit solchen Engpässen umgehen. Fraglich ist jedoch, inwieweit das Heraufbeschwören dieser Engpässe einer ökonomisch getriebenen Rhetorik der Überlastung gehorcht, an die alle Beteiligten glauben, die auch allen Beteiligten nutzt, die faktisch aber eher selten eintritt. Doch auch unabhängig von einer möglichen Überlastung und den Hintergründen der Regulierung und des Netzausbaus weist die Frage nach den Kapazitäten der Übertragung ins Zentrum der technischen Herausforderungen. Den vermeintlichen Engpässen steht die potentielle Unbegrenztheit digitaler Daten gegenüber. Es stehen zwei Optionen zur Wahl, um die gewohnte Übertragungsqualität aufrecht zu erhalten: entweder die teure, aber keinen direkten Gewinn versprechende Erweiterung der Infrastrukturen durch Netzausbau, wie er in Deutschland vom Bundesministerium für Verkehr und digitale Infrastruktur gefördert wird, oder aber die optimierte Nutzung bestehender, suboptimaler Kapazitäten. Augenscheinlich ist es profitabler, die vorhandenen Fassungsvermögen teurer zu verkaufen und nicht mehr im gleichen Anteil an alle Nutzer zu verteilen bzw. bestimmten Traffic zu verlangsamen, was von Tim Berners-Lee, dem Entwickler des World Wide Web, jüngst als ‚Bestechung' bezeichnet wurde (vgl. Fung 2014). Das Ziel der Provider, exemplarisch der Deutschen Telekom, besteht in der besseren Ausnutzung des Netzes bei nur langsamer Erhöhung der Kapazität, das heißt einer umfassenderen Gewinnschöpfung mit geringen zusätzlichen Kosten.

Das Problem, dass Kapazitätsengpässe den stabilen Zugang aller Nutzer zum Netz gefährden, hat den *Chaos Computer Club (CCC)* zu einer gemäßigteren Stellungnahme unter dem Titel *Forderungen für ein lebenswertes Netz* veranlasst: Die Priorisierung von Daten zum Zweck des Bandbreitenmanagements sei dann akzeptabel, „wenn dies dem Kunden gegenüber transparent und Teil der Vertragsbedingungen ist und tatsächlich ein Kapazitätsengpaß besteht, also der Einfluss dazu dient, allen Kunden einen fairen Teil der bestehenden Kapazität zuteilwerden zu lassen." (Chaos Computer Club 2010) Der CCC macht darauf aufmerksam, dass eine unzureichende infrastrukturelle Aufrüstung zur Zunahme von Engpässen geführt hat bzw. führen könnte und ein nachhaltiges Handeln auf dieser Ebene ansetzen muss. Priorisierung sei eine schlechte, manchmal aber unter transparenten Bedingungen notwendige Lösung. Man kann über die Position des CCC hinaus sogar vermuten, dass es in genügend komplexen Datennetzen die Regel ist, dass die Kapazität nicht mit dem Verbrauch schritthalten kann, wir es also mit einem systemischen Problem zu tun haben.

Strenggenommen stellt allein der in Deutschland aufgrund fehlender Anreize stockende Netzausbau eine nachhaltige Netzneutralität sicher, weil bei ausreichenden Kapazitäten Neutralität nicht zum Problem wird. Ihre Befürwortung impliziert die Befürwortung der Verbesserung von Infrastrukturen, was neue Fragen und Probleme aufwirft – wer finanziert sie bzw. wem gehören sie, welche Macht ist in ihnen materialisiert und auf welcher rechtlichen Grundlage können sie demokratisch vereinnahmt werden? Denn für die Entstehung großer infrastruktureller Netze ist seit dem 19. Jahrhundert eine bis dahin unbekannte Akkumulation von Kapital nötig. Die *Networks of Power*, die der Technik- und Wirtschaftshistoriker Thomas Hughes in seiner monumentalen Studie über den Aufstieg der großen amerikanischen Elektrizitätsgesellschaften beschrieben hat, sind zutiefst mit dem Aufstieg des Kapitalismus verschränkt (vgl. Hughes 1993). Um Infrastrukturen herrschen mithin schon seit Langem

Konflikte. Sie lassen es fragwürdig erscheinen, allein im ohne
Frage bedeutsamen und unvermeidlichen Netzausbau eine
Lösung der Herausforderungen zu vermuten, die über das Band-
breitenmanagement hinausgehen.

Hinzu kommt, dass es zunehmend schwierig wird, die Interessen
der einzelnen Akteure zu deuten. Die Neutralität liegt, so wurde
bereits deutlich, in den Händen der Provider, während die Gesetz-
geber weltweit dazu aufgefordert sind, rechtliche Grundlagen zu
schaffen (vgl. dazu Marsden 2010). Angesichts des NSA-Skandals
und der offenkundig gewordenen Kooperation vieler Provider
mit Geheimdiensten ist diese Aufteilung jedoch diffus geworden.
Anbieter machen ihre eigenen Regeln und Staaten wie China
oder die USA überwachen im Verbund mit Providern große Teile
des Traffics auf eine Weise, die nur schwerlich neutral sein kann.
Umso mehr gilt es, zu verstehen, was mit der Netzneutralität auf
dem Spiel steht.

Der Begriff der Netzneutralität wurde in rechtspolitischen
Debatten vom Juristen Tim Wu geprägt.[10] Gemeinsam mit dem
Verfassungsrechtler Lawrence Lessig hat sich Wu intensiv mit
den politischen Fragen und den technischen Herausforderungen
der Netzneutralität beschäftigt, um die Diskussionen beständig
von juristischen auf bürgerrechtliche Fragen zu lenken (Wu
2003; vgl. auch van Schewick 2010). Laut Wus Definition gewährleistet Netzneutralität, dass innerhalb eines Netzwerks alle
Arten von Information gleichberechtigt übertragen und ver-
schiedenste Anwendungen unterstützt werden können, womit
eine demokratische Partizipation an den darauf aufbauenden
gesellschaftlichen Prozessen möglich werde. Netzneutralität ist
für Wu daher in die Struktur des Internets eingeschrieben, in
dem Bilder, Texte und Töne unabhängig verarbeitet werden: „The
principle suggests that information networks are often more

---

10   Wu war vor seiner Professur an der Columbia Law School Mitarbeiter einer
      Firma für *Deep Packet Inspection* und ist 2014 als demokratischer Kandidat für
      die Wahl des Lieutenant Governor von New York angetreten (vgl. Wu 2009).

valuable when they are less specialized, when they are a platform for multiple use." (Wu 2015)

Netzneutralität wird in den häufig ökonomisch grundierten nord-amerikanischen Debatten gefordert, um das Innovations-, sprich Wertschöpfungspotential des Internet nicht zu blockieren, indem Wettbewerb ausgeschaltet wird.[11] Große Provider könnten, so die Befürchtung, ihre Position als Gatekeeper ausnutzen, um Konkur-renzangebote zu erschweren oder zu blockieren, wie beispiels-weise die vieldiskutierte Sperrung von Skype im Mobilfunk-Netz von T-Mobile zeigt.[12] Auch im Bereich des mobilen Internets ist der Konkurrenzdruck groß, denn drahtlose Datenübertragung hat durch das Funkspektrum physikalisch begrenzte Kapazitäten, die nicht ausgebaut werden können. Deshalb wird von Pro-vidern solcher Dienste schon lange selektiert, welcher Traffic in mobilen Netzen bevorzugt behandelt wird. Beispielsweise wird die Nutzung von kostenpflichtigen Streamingdiensten wie Spotify nicht auf das gebuchte Datenvolumen angerechnet. Durch Nut-zungsbedingungen kann entsprechend der Zugang zum Internet beschnitten werden. Ebenso gibt es Versuche, die kommerziellen Verursacher des Traffic – vor allem Google, YouTube und Net-flix – an den Kosten der von ihnen in Anspruch genommenen, aber nicht finanzierten Infrastrukturen zu beteiligen. Provider planen, Geld dafür zu verlangen, dass sie Anbietern Zugang zu Kunden verschaffen. Zur Disposition steht damit das Verhältnis

11   Zur Übersicht über die ökonomischen und juristischen Fragen vgl. Krämer, Wiewiorra und Weinhardt 2013 sowie Martini 2011. Bemerkenswerterweise wird die Brisanz der Überwachung durch *Deep Packet Inspection* in diesen Texten nicht thematisiert.

12   Die Übertragung von Stimmen ist, darauf werde ich noch zurückkommen, besonders anfällig für Schwankungen der Übertragungsqualität, weil sie weder Verzögerungen (*latency*) der Übertragung noch eine unge-regelte Reihenfolge der ankommenden Datenpakete (*jitter*) verträgt. Die unterschiedliche Qualität von Skype-Gesprächen zeigt dies deutlich. Die Übertragung von Stimmen und bewegten Bildern ist stärker als andere Inhalte auf ein rigides Zeitmanagement angewiesen, um die Anmutung ihrer Präsenz zu sichern.

der Besitzer der Infrastruktur und derjenigen, die sie nutzen – der User einerseits, der Anbieter andererseits.[13]

Lessig hat dahingehend ausführlich den ökonomischen und kulturellen Gewinn offener Netze hervorgehoben (vgl. Lessig 2004 sowie Mueller 2004). Gerade durch Neutralität erzeuge das Internet neue Märkte, die in einer freien Gesellschaft allen zugänglich sein sollten. Lediglich für Ausnahmefälle wie *IPTV*, also Internetfernsehen, oder die Bereitstellung von *Voice-over-IP-*Diensten für die Polizei oder das Militär sei eine Aufhebung der Neutralität durch Provider sinnvoll, weil diese Dienste ihren Standard nur durch stabile Verbindungen aufrechterhalten können und ansonsten gegenüber anderen Angeboten im Nachteil wären. Kritischer Infrastruktur soll eine besondere Stellung zustanden werden. Dennoch würde eine allgemeine Beschränkung des Traffic *Metcalfe's Law* widersprechen, nach dem der Wert eines Netzwerks proportional zur Anzahl möglicher Verbindung zwischen Usern ist, wobei die Kosten des Netzes lediglich proportional zur Anzahl der User bleiben.[14] Wenn zwischen den Knoten Hierarchien herrschen, senkt dies den Wert des Netzwerks.

Die Frage, ob Datenpakete im Internet unterschiedlich behandelt werden dürfen oder nicht, betrifft, darauf haben die Interventionen Wus und Lessigs immer wieder hingewiesen, über diese ökonomische Ebene hinaus das demokratische Verständnis des Internets, welches wiederum auf dem *End-to-End-Principle* beruht. Von Verteidigern der Netzneutralität wird häufig von den technischen Bedingungen auf freie Meinungsäußerung und

13 Vgl. zur rechtspolitischen Dimension dieser Entwicklungen den Zwischenbericht der Projektgruppe Netzneutralität der Enquete-Kommission *Internet und Digitale Gesellschaft* vom Februar 2012 (Deutscher Bundestag 2012). Sebastian Gießmann hat mit der Methodologie der Science and Technology Studies die Kooperationen verfolgt, die den Anspruch auf Netzneutralität und infrastrukturpolitische Maßnahmen im Rahmen dieses Gremiums hervorgebracht haben (Gießmann 2015).

14 Dieses Gesetz wurde in den späten 1980er Jahren von Robert Metcalfe aufgestellt, aber erst 1993 von George Gilder niedergeschrieben (Gilder 2000).

wirtschaftlichen Wohlstand geschlossen. In den Worten Lessigs:
„[The] imposed neutrality about how the wires would be used
left the field open for others to use the wires in ways no one ever
expected. The internet was one such way" (Lessig 2002, 149). Die
Abwesenheit einer übergeordneten Instanz der Entscheidung
und die Loslösung des Protokolls von institutioneller Gewalt wird
als Möglichkeit der demokratischen Gestaltung und zugleich
als Umsetzung von Artikel 19 der Menschenrechte verstanden.
Dieser schreibt nicht nur die Meinungsfreiheit fest, sondern
auch die Möglichkeit, „Medien jeder Art und ohne Rücksicht auf
Grenzen Informationen und Gedankengut zu suchen, zu emp-
fangen und zu verbreiten." (Vereinte Nationen 1948)

Die in den letzten Jahren geführte Debatte entzündet sich daran,
dass die für das Internet notwendigen Infrastrukturen die
Grundlage für die neue Form der Öffentlichkeit bilden und damit
einem gesellschaftlichen Mehrwert dienen, der höher als die
Interessen privatwirtschaftlicher Konzerne verortet wird, denen
diese Infrastrukturen gehören. Ihr Gewinnstreben sei nur durch
Regulierung mit der Aufrechterhaltung dieser für eine moderne
Gesellschaft lebensnotwendigen Strukturen zu vereinbaren. Wie
der Medienwissenschaftler Johannes Paßmann gezeigt hat, ist
dieses Verständnis von Netzneutralität die Fortsetzung eines
für die Konstitution des Internets enorm wichtigen Traums von
einem demokratischen Medium. John Perry Barlows hat diesen
Traum 1996 in einem per E-Mail verschickten Internet-Manifest
formuliert (vgl. Barlow 1996). Das Internet versprach damals
eine offene, demokratische Gesellschaftsordnung, die ähnlich
wie heute gegen privatwirtschaftliche Zugriffe geschützt werden
musste. Implizit wird mit dem Rückgriff auf diese Positionen
heute behauptet, so Paßmann, dass es einen neutralen Gebrauch
geben könne und eine neutrale Marktsituation denkbar wäre,
was aber angesichts der beherrschenden Position der großen
Unternehmen kaum der Fall sei (vgl. Paßmann 2014). Vereinfacht gesagt: Wir sind konfrontiert mit einem Verteilungskampf,

44 der bestimmt, wer mit wem verbunden sein kann und wer was
darüber weiß.

Die aufgerufene Befürchtung, dass nicht länger alle Pakete von
allen Providern diskriminierungsfrei verschickt werden, besteht,
so die Netzaktivisten von *netzpolitik.org* oder *Le Quadrature du
Net*, zunächst darin, dass Privatunternehmen entscheiden, was
übertragen wird und was nicht. Um diese Souveränität dreht
sich der *Immaterial Civil War*, von dem Halpin spricht. Die Kehrseite der Priorisierung ist Diskriminierung, erstens, weil in der
Konsequenz weniger Bandbreite für nicht-priorisierte User zur
Verfügung steht und zweitens, weil damit die Möglichkeiten
von Überwachung, Kontrolle und Blockierung in verschiedenen
Schattierungen am Horizont aufscheinen. Die langfristige Folge
der Aushebelung der Netzneutralität wäre, so die Aktivisten,
ein Verlust der demokratischen Funktion des Internets, die
ein fundamentaler Baustein der offenen Gesellschaft des 21.
Jahrhunderts und, wie vor allem in Nordamerika argumentiert
wird, eine Voraussetzung des Innovationspotentials neuer
Dienste, ergo der ökonomischen Dimension der Vernetzung
sei.[15] Netzneutralität dient aus dieser Perspektive dem Wohl des
Gemeinwesens.

Von der Industrie wird dem entgegengehalten, dass angesichts
des steigenden Datenverkehrs erst die Kontrolle und Regulierung
des Übertragenen einen zufriedenstellenden Gebrauch des
Internets ermögliche. Die Deutsche Telekom spricht in einem
internen Orientierungspapier unter dem Titel *Was bedeutet
eigentlich Netzneutralität?* im Jahre 2010 von einem „innovative[n]
Netzwerkmanagement" und „unterschiedliche[n] Qualitäts-
klassen", die „der Angebotsqualität und einer effizienten Nutzung
der Netzwerkressourcen" dienen (Deutsche Telekom 2010). Der
Verstopfung der Datenautobahn soll, metaphorisch gesprochen,

---

15 An dieser Stelle wird nur auf die westeuropäische sowie die nordamerika-
    nische Debatte eingegangen, zum internationalen Vergleich siehe Bertschek
    et al. 2013.

eine Verkehrskontrolle entgegentreten, die nicht nur anhand
von Kennzeichen den Verkehr sichert, sondern die Insassen der
Autos darauf prüft, wer schneller ans Ziel muss – Krankenwagen
und Gefahrguttransporte werden von den Befürwortern
angeführt, zahlungswillige Kunden von den Gegnern.[16] Aus
der Notwendigkeit, angesichts des zunehmenden Traffics den
Datenverkehr nicht nur zu kontrollieren, sondern zu regulieren,
leiten die Provider ab, dass nicht alle gleich behandelt werden
können, sondern jene bevorzugt werden, die bereit sind, mehr
zu bezahlen. Für alle jedoch besteht der Preis – oder der Gewinn
– darin, dass jedes Auto und jedes Datenpaket auf seinen Inhalt
hin geprüft werden muss, um diese Selektion zu gewährleisten.
Priorisierung bedeutet – dieser Punkt ist zentral –, dass die Entscheidungen an den Knoten auf Wissen über das Übertragene
basieren.

Deep Packet Inspection

Dass diese Debatten so viel Resonanz gefunden haben und nicht
nur wie etwa seit der Jahrtausendwende unter Juristen und
Ökonomen, sondern seit einigen Jahren auch in der Internet-
öffentlichkeit mit bemerkenswerter Vehemenz geführt werden,
hat eine Reihe von Ursachen. Ihren historischen Ort hat die
Diskussion *erstens* wie gezeigt in der massenhaften Verbreitung
von volumenunabhängigen Tarifen und Flatrates, welche in
einer Mischkalkulation die intensive Nutzung einiger User durch
die geringere Nutzung des Rests auffangen. Der vor allem
durch *Peer-to-Peer*-Anwendungen wie Bittorrent oder emule,
durch cloudbasierte Dienste und Online-Gaming beständig
steigende Datenverkehr, die Vermehrung von Spam und die
Verbreitung von schwankungssensitiven Diensten wie Video-
telefonie, Streaming oder die Konvergenz von Fernsehen und

---

16   Diese Metaphorik ist selbstredend alles andere als unschuldig, zeichnet sie
       doch mit der Mautstraße bereits eine Lösung vor.

Internet tragen zu dieser Explosion des Trafficvolumens bei.[17] Dies wiederum hängt ebenfalls an einer technischen Notwendigkeit: Die Übertragung einer E-mail ist weniger zeitkritisch als die eines Videotelefonats. Letzteres muss *in-time* am Ziel ankommen, um nicht unterbrochen zu werden. Daher wird immer wieder die Forderung nach einer Qualitätssicherung durch Priorisierung solcher Dienste etwa im medizinischen oder polizeilichen Bereich laut. Doch insofern solche Dienste kommerziellen Interessen unterliegen und die Provider daran mitverdienen, sind letztere mit einem hausgemachten Problem konfrontiert. Immer deutlicher zeigt sich, dass das Internet nicht für die nach dem Prinzip des Broadcasting aufgebauten Videoangebote ausgelegt ist, die gleiche Inhalte an viele User verteilen. Auch aufgrund der mangelnden Ausbauinvestitionen steht die dauerhafte Überlastung der Infrastruktur am Horizont.

Der Konflikt geht jedoch noch nicht darin auf, dass man private Provider und öffentliches Interesse gegenüberstellt. Denn *zweitens* sind in den letzten Jahren Verfahren der *Deep Packet Inspection* perfektioniert worden, die zusätzlich zur *Big Data*-Analyse von Metadaten eine effektivere Regulierung von Traffic ermöglichen als durch die Gleichbehandlung aller Pakete.[18] Vom Informatiker Rüdiger Weis als „Nacktscanner fürs Internet" (Weis 2012) bezeichnet, geht *Deep Packet Inspection* als Sammelbegriff für unterschiedliche Technologien über die Lösung der Überlastungsprobleme weit hinaus. Sie erlaubt, Datenpakete an den Knoten, das heißt dort, wo die Übertragung unterbrochen wird, bitgenau auf ihren Inhalt zu prüfen, sie also nicht nur mittels des offenen Headers zu identifizieren, sondern auch die Bitpakete zu

17 Vgl. Blumenthal and Clark 2001. Darüber hinaus gibt es Überlegungen, für Streamingdienste vom *Packet Switching* abzuweichen und zu einer Leitungsübertragung zurückzukehren, die nicht in einzelnen Paketen über verschiedene Knoten verläuft, sondern eine einzelne Verbindung nimmt, was Energie und Rechenzeit sparen würde (vgl. Sietmann 2011).

18 Zur Differenzierung der verschiedenen Verfahren und ihren juristischen Grundlagen vgl. Bedner 2009. Zu den Vor- und Nachteilen von *Deep Packet Inspection* zum Netzwerkmanagement vgl. Bärwolff 2009.

öffnen, den sogenannten *payload* auszulesen und einzeln oder statistisch zu analysieren. Der Netzpolitiker Markus Beckedahl hat *Deep Packet Inspection* daher zur ‚Risikotechnologie' erklärt, bei der sinnvolle Maßnahmen der Qualitätssicherung die Möglichkeit lückenloser Überwachung mit sich bringen (vgl. Siering 2011).

In der bislang gängigen *Stateful Packet Inspection* wird jedes Datenpaket mittels des Headers identifiziert und zugeteilt. Zwar kann im aktuell gültigen Übertragungsprotokoll IPv4 der Header mit Information über die Wichtigkeit eines Pakets gekennzeichnet werden, doch gibt es keine Standards oder gar Verpflichtungen für Provider, diese Pakete zu priorisieren (vgl. Beckedahl 2009). Mit der seit einigen Jahren schrittweise vollzogenen Einführung von IPv6 (IPv5 wurde übersprungen) wird die in IPv4 nicht implementierte Klassifizierung von Transportarten (aber auch die Täuschung über Inhalte) möglich. Dies erleichtert eine Priorisierung einzelner Pakete ohne *Deep Packet Inspection* (vgl. Deutscher Bundestag 2012). Doch da alle großen Provider mittlerweile über die für *Deep Packet Inspection* nötige Hardware verfügen – in den USA sogar aufgrund später erläuterter rechtlicher Bestimmungen verfügen müssen – und es genug Anreize gibt, auch über das reine Bandbreitenmanagement hinaus Traffic zu regulieren, wäre es verfrüht, Hoffnungen auf diese einfache Lösung zu richten.

Jedes Datenpaket besteht aus mehreren aufeinander aufbauenden, aber voneinander unabhängigen logistischen Layern, deren Zweck es ist, Kommunikation zwischen verschiedenen Netzwerken zu ermöglichen. Sie werden im *Open System Interconnection*-Modell *(OSI)* zusammengefasst. Es handelt sich gleichsam um mehrere Hüllen des Pakets, die unterschiedliche Informationen tragen. An einem Knoten müssen die oberen Layer zur Weiterverteilung offenliegen, denn sie enthalten transportorientierte Daten. Sie machen Angaben über die zur Verbindung und Übertragung zu nutzende Hardware sowie den Header, bei dem das IP-Protokoll und das TCP-Protokoll ansetzen. Die Übertragung mittels dieser Protokolle hat allein auf diese oberen Layer Zugriff. Die Daten der unteren Layer liegen zwar vor, können aber bei Anwendung des Protokolls auch ohne Verschlüsselung nicht ohne weiteres eingesehen werden [Abb. 1].

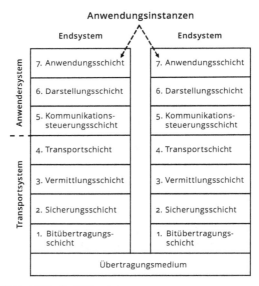

[Abb. 1] OSI-Modell (Quelle: Wikimedia)

Deep Packet Inspection erlaubt je nach Hardware und Anbieter, auch die anwendungsorientierten Layer auszulesen – bis hin zu jenem Layer, in dem die übertragenen Informationen für die jeweilige Anwendung vom Browser über den *Peer-2-Peer*-Client bis hin zu Skype liegen. Zu diesem Zweck verfügen die Geräte über Datensignaturen, anhand derer der Traffic gescannt und bei Übereinstimmung klassifiziert sowie weiterverarbeitet wird. Die Hardware muss daher um ein vielfaches leistungsfähiger sein als übliche Netzwerktechnik, die lediglich die Header des Traffic verarbeitet, während *Deep Packet Inspection* den gesamten Verkehr analysiert. Dies geschieht während der kurzen Unterbrechung, in der über die weitere Route entschieden wird. Mit dem durch *Deep Packet Inspection* gewonnenen Wissen ist es nun möglich,

im gleichen Zeitfenster die anderen Layer zu öffnen und entsprechend diese Entscheidung zu modifizieren (vgl. Królikowski
2014 sowie Bar-Yanai et al. 2010). Die Rahmenbedingungen des
Entscheidens ändern sich, indem am Ort und in der Zeit der Entscheidung eine neue Technologie eingreift.

Die Interessenten für solche Verfahren kommen aus verschiedenen Gebieten: Internetprovider nutzen diese Technologie
zum Bandbreitenmanagement oder zur Filterung von Spammails,
Anbieter kostenpflichtiger Dienste zur volumenbasierten Abrech-
nung, der Polizei dient sie zur Verbrechensbekämpfung, Anwälten
der Unterhaltungsindustrie zur Verfolgung illegaler Downloads
und der Wirtschaft zur Zuspielung von individualisierter
Werbung. Was in Firmennetzen zur Sicherheitskontrolle des
ausgehenden Datenverkehrs genutzt wird und in vereinfachter
Form in Firewalls und Spamfiltern, die nicht auf der Blockierung
von IP-Adressen beruhen, zur Anwendung kommt (vgl. Ingham
und Forrest 2002), ist auch ein gängiges Hilfsmittel von Geheimdiensten und kann als Waffe der elektronischen Kriegsführung
dienen. In China, im Iran und in der Türkei beispielsweise werden
zusätzlich zur durch Blockierung von IP- oder DNS-Adressen
an den Knoten vorgenommenen Sperrung von Webseiten wie
YouTube oder Twitter mittels *Deep Packet Inspection* Suchanfragen
zu bestimmten Stichworten analysiert (vgl. Human Rights
Watch 2014). Die NSA nutzt als Abteilung des Pentagon unter
anderem solche Verfahren, um an den Knoten von Providern vor-
zuselektieren, was geheimdienstlich gespeichert und ausgewertet
werden soll (vgl. Bamford 2012).

Man könnte so weit gehen und behaupten, dass die Praktiken der
NSA und anderer Geheimdienste ohne die Technologien der *Deep
Packet Inspection* nicht möglich wären. Letztere erweisen sich als
zwiespältig: Was einer fairen Verteilung von Kapazitäten dienen
soll, kann zu Überwachung und Unterdrückung genutzt werden.
Als Eskalationsstufe kann an den Verfahren der *Deep Packet
Inspection* mithin gezeigt werden, wie die Debatten um Netzneu-
tralität und um NSA-Überwachung bei allen Unterschieden auf

einer technischen Ebene konvergieren: Auf beiden Seiten setzt man bei der Unterbrechung von Übertragung und damit in der Mikrotemporalität der Entscheidungen an.

Mittels der technisch aufwendigen und rechenintensiven *Deep Packet Inspection* können die Inhalte von Datenpaketen ausgelesen oder durch *Statistical* bzw. *Stochastic Packet Inspection* ihre Muster und Frequenzen statistisch analysiert und sie damit selektiert sowie gegebenenfalls weiterverarbeitet werden. Da es gegen die Inspektion von Paketen, d.h. gegen das Lesen ihrer Inhalte, wirksame Verschlüsselungsmethoden gibt, sind Verfahren entwickelt worden, einzelne Ports zu sperren oder durch die Analyse der Muster übertragener Pakete und ihrer sogenannten Metadaten unterschiedliche Anwendungen zu identifizieren, um etwa bandbreitenintensive und häufig für illegale Downloads genutzte *Peer-to-Peer*-Anwendungen zu identifizieren oder gar zu blockieren. Viele kleine, regelmäßig verschickte Pakete lassen auf *Voice-over-IP* schließen, die kontinuierliche Nutzung der vollen Bandbreite auf *Peer-to-Peer*, während E-Mails unregelmäßig durch die Leitung laufen (vgl. McKelvey 2010; Sietmann 2011 sowie Sandvig 2007). Entsprechend können diese Muster durch *Big Data*-Analyse, die Wissen direkt aus den erhobenen Daten extrahiert und algorithmisch auswertet, erkannt und ihr Volumen technisch beschränkt oder ihre Verursacher ausfindig gemacht werden. Die Popularität dieser Systeme kann man auch daran ablesen, dass vom Standardisierungsgremium der *International Telecommunication Union* seit 2012 Standards zum Datenaustausch zwischen verschiedener Hardware festgelegt sind (vgl. International Telecommunication Union 2012).

Diese Verfahren der *Deep Packet Inspection* sind seit einigen Jahren hardwareseitig implementiert und werden von verschiedenen Herstellern angeboten. Genauere Informationen über ihre Grundlagen zu erhalten ist jedoch aufgrund der legalen Grauzone ihrer Anwendung nicht einfach. Der wesentliche Unterschied zu den seit langem verfügbaren Anlagen zur

Überwachung von Telefonknoten besteht vor allem in der schieren Kapazität und der Möglichkeit der Weiterverarbeitung der Daten durch graphenbasierte Analysemethoden. Das Flaggschiff der Serie *Service Control Engines* des Netzwerktechnik-Herstellers Cisco beispielsweise, der *SCE 10000*, kann, in einen Netzknoten integriert, 20 Millionen gleichzeitige Sessions von bis zu zwei Millionen Anschlüssen bei 60 Gigabit pro Sekunde überwachen, verfolgen und managen.[19] Dies geschieht unbemerkt vom User.

> With this platform, providers can identify content transported over any protocol, provide detailed analysis and control of complex content-based applications, and prioritize sessions in real time. [...] With this exclusive, high-performance, stateful architecture, operators have better capabilities for profitably delivering an array of services customized to individual subscriber needs. (Cisco Systems 2015)

Während in diesem Werbetext von der Cisco-Homepage die Bedürfnisse der User in den Vordergrund gerückt werden, deren Traffic kontrolliert und überwacht wird, hat sich die Situation auf juristischer Ebene zugespitzt: Der 2011 abgelehnte US-Gesetzesentwurf *Stop Online Piracy Act (SOPA)* sowie das ebenfalls durch großen öffentlichen Druck gescheiterte internationale Abkommen *Anti Counterfeiting Trade Agreement (ACTA)* hätten Provider gezwungen, mit solcher Hardware Suchanfragen nach urheberrechtsgeschützten Inhalten bzw. deren Übertragung zu filtern und die entsprechenden IP-Adressen zu sammeln (vgl. Halpin 2013, 10). Der Zugang auf vermeintlich illegale Webseiten wäre damit blockiert, die Netzneutralität gebrochen und dies sogar weltweit gesetzlich vorgeschrieben gewesen.

---

19   Auf dem russischen Gebrauchtmarkt sind solche im freien Handel nicht erhältliche Geräte für rund 150000$ zu kaufen (Used Cisco Info 2015).

Vermutlich ist die in Ländern wie der Türkei, China, Syrien oder dem Iran eingesetzte Hardware, wie Constanze Kurz vom CCC nahegelegt hat, um ein vielfaches leistungsstärker (vgl. Kurz 2011). Hunderte von Wikileaks unter dem Namen *Spyfiles* geleakte Dokumente, vor allem Produktpräsentationen und Bedienungs-anleitungen von westlichen Sicherheitsfirmen, zeigen die Möglichkeiten, die solche Technologien den Regimen bereit-stellen. Mit der häufig in die Geräte integrierten Möglichkeit, neben der *Deep* und der *Statistical Packet Inspection* auch Graphen zwischen den erstellten Profilen zu erzeugen, erlauben sie, Personen und ihre Netzwerke ausfindig zu machen (vgl. Lemke 2008). Das vom französischen Hersteller Amesys entwickelte System *Eagle Glint*, das als ein Beispiel von vielen möglichen herhalten soll, kann etwa vier Terabyte an Daten überwachen und daraus Profile berechnen (vgl. Wikileaks 2011 sowie Sonne und Gauthier-Villars 2012). 2013 haben fünf libysche Aktivisten in Frankreich gegen diese Firma geklagt, weil sie durch dessen nach Libyen exportierte Produkte von Gaddafis Regime identifiziert werden konnten und nach ihrer Verhaftung gefoltert wurden (vgl. Worldwide Human Rights Movement 2013). Ein rechtlich bindendes, internationales Exportverbot für Überwachungs- und Spionagehardware gibt es jedoch nicht, wie Dietmar Kammerer gezeigt hat – zumal auch westliche Geheimdienste auf diese Tech-nologien angewiesen sind (vgl. Kammerer 2015).

Mit solcher Hardware, der *Deep Packet Inspection* und den mathematischen Verfahren der Graphentheorie ist es ein leichtes, den unverschlüsselten Traffic einzelner User selektiv zu überwachen, ihre Freunde und Verbündeten zu identifizieren und womöglich sogar ihren Datenzugriff zu manipulieren. Interes-sant ist nicht nur, was jemand mitteilt, sondern auch, wem es mitgeteilt wird, wie lange die Mitteilung dauert, von wo sie ausgeht und wie häufig sie geschieht. Metadaten können unter Umständen sogar wichtigeres Wissen enthalten als der Inhalt einer Botschaft – vor allem aber können sie automatisiert in großen Mengen analysiert werden, was bei Inhalten nicht der

Fall ist. Sie können nicht verschlüsselt, sondern allenfalls durch die Nutzung etwa eines *TOR*-Netzwerks (*The Onion Router*) zur Anonymisierung von Verbindungsdaten versteckt werden.[20] Auch verschlüsselte Pakete, bei denen die unteren Layer des *payloads* nicht zugänglich sind, können durch *Statistical* bzw. *Stochastic Packet Inspection* analysiert werden. Die entsprechenden Technologien setzen dort an, wo Verbindungen zwischen Menschen hergestellt werden – sei es durch ihren Aufenthalt an Orten, die mittels Sendemasten lokalisiert werden können oder durch die Kontakte, die sie online pflegen.[21] Überwachung beginnt dort, wo diese Verbindungen durch Unterbrechung zur Entscheidung an den Knoten des Netzwerks hergestellt werden. Sie geschieht in der Zeit, die diese Unterbrechung dauert.

Doch nicht nur der Terror solcher Regime, sondern auch das Bestreben von Providern, unterschiedlichen Traffic unterschiedlich schnell zu übertragen, hängt neben der *Big Data*-Analyse von Metadaten an der Möglichkeit der *Deep Packet Inspection*: Erst seitdem es Providern technisch möglich ist, zwischen Datenpaketen mit Text- oder mit Videodaten zu unterscheiden, wird es sinnvoll, letztere priorisiert zu behandeln. Auch wenn Provider und Geheimdienste unterschiedliche Definitionen davon haben, was Inhalte sind, gelangen sie auf den gleichen Wegen an diese. Ohne *Deep Packet Inspection* wäre es kaum möglich, Unterscheidungen zur Priorisierung zu treffen. Wie Lawrence Lessig gezeigt hat, kann man aus der Notwendigkeit der Kontrolle von Datenübertragung noch nicht die

20   In einem solchen Netzwerk, das vom US Naval Research entwickelt wurde, wird der Traffic über diverse weltweit verteilte Zwischenstationen geleitet und kann kaum noch identifiziert werden. Allerdings wird der Traffic dabei verlangsamt, was zeitkritische Dienste dysfunktional macht.

21   Der Informatiker Jens-Martin Loebel hat 2010 ein experimentelles 'Tagebuch eines Selbstaufzeichners' geführt, in dem er alle seine GPS-Bewegungsdaten gespeichert hat. Bereits aus den Daten weniger Wochen lassen sich, so Loebel, überaus exakte Vorhersagen über sein eigenes Verhalten treffen, das heißt seine Anwesenheit an bestimmten Orten zu bestimmten Zeiten bestimmen (vgl. Loebel 2011).

Errichtung geheimer oder bezahlter Monopole über die Datenübertragung folgern (Lessig 2004, 174). Doch wo Kontrolle nötig ist, ist Überwachung möglich.

‚Collecting it all'

Kontrolle im Sinne des Netzwerkmanagements ist zur Aufrechterhaltung des Traffic notwendig, birgt aber die Möglichkeit von Überwachungsmaßnahmen. Technisch betrachtet ist Überwachung in digitalen Netzen häufig ein Parasit der notwendigen Kontrolle, ein Schmarotzer der Neutralität. So haben die Enthüllungen des zu jenem Zeitpunkt 29 Jahre alten Whistleblowers Edward Snowden der globalen Öffentlichkeit mit der strenggeheimen Dokumenten eigenen Evidenz vor Augen geführt, dass Geheimdienste weltweit in extensivem Maße versuchen, auch ohne konkrete Hinweise auf terroristische oder kriminelle Tätigkeiten oder gar Verdächtige alle Datenpakete anzuzapfen. *Big Data* wird mit einer fehlgeleiteten Sicherheitspolitik zu einem Traumpaar der Kontrollgesellschaft vermählt, deren Gemeinsamkeit die eben beschriebenen technischen Mittel bilden.[22] Entsprechend lautet ein vom ehemaligen NSA-Direktor Keith Alexander verbreiteter Slogan „collecting it all" (zitiert aus einem internen NSA-Memorandum nach Greenwald 2014, 79). Der Generalverdacht gilt nunmehr der Weltbevölkerung. Dass über jedes Datenpaket entschieden und dass es zu diesem Zweck kurz zwischengespeichert werden muss, ist die technische Bedingung für das Vorgehen der NSA. Das Ausmaß der Überwachung, das alle manuellen Maßnahmen der Stasi durch seine Automatisierung in den Schatten stellt, ist ein Effekt der Architektur digitaler Netzwerke. Der Ort der Entscheidung in der Zeit der Unterbrechung ist eines der Einfallstore, an welchem dem

---

22   Vgl. zu Snowden eine Sammlung von Zeitungsartikeln und Blogeinträgen, die zwar die gesellschaftliche und politische Dimension erkunden, die Technik aber kaum berücksichtigen: Beckedahl und Meister 2014, vgl. ebenfalls Lyon 2014.

notwendigen Akt der Kontrolle ein Akt der Überwachung an die
Seite gestellt wird.

Selbst wenn vieles von dem, was die geleakten Dokumente
offenlegen, seit langem bekannt ist und Snowden, wie der IT-
Sicherheitsexperte Sandro Gaycken bemerkt, sein Leben für
ein „offenes Geheimnis" (Gaycken 2013) geopfert und lediglich
Belege für lang gehegte Vermutungen geliefert hat, kann man
die gewonnenen Erkenntnisse nicht oft genug wiederholen. Sie
stellen über Landesgrenzen und Kontinente hinweg die Legi-
timität der beteiligten Institutionen in Frage. Zwar mag bekannt
gewesen sein, dass die NSA in größtmöglichem Maßstab überwacht, doch die Evidenz, mit der in den internen Dokumenten die
Logos von Facebook, Google und Apple auftauchen, gibt diesem
Wissen ein anderes Gewicht. Snowdens Enthüllungen markieren,
so kann man bereits jetzt vermuten, einen Zäsurmoment für
die Gesellschaften des 21. Jahrhunderts. Das Risiko besteht
darin, dass die konkreten Zahlen die politische Brisanz über-
decken, während aus den zugänglichen Dokumenten nur wenig
über die verwendeten Technologien in Erfahrung zu bringen
ist. Die politische Dimension der Vorgänge geht über die fraglos
wichtigen Debatten um Privatsphäre und über die Wiederauf-
nahme der Diskussion um Wikileaks als sicherem Hafen für
Whistleblower hinaus (dazu Steinmetz 2012). Sie betrifft vielmehr
Trennungen und Verbindungen der Kommunikation sowie die
Konstitution des Sozialen, welche unter der Ägide lückenloser
Überwachung auf eine neue Grundlage gestellt wird. Polemisch
zusammengefasst: Alle Verschwörungstheorien sind wahr.

Die Praktiken der NSA hat James Bamford bereits 1982 in seinem
Buch *The Puzzle Practices* ausführlich beschrieben und seine
Darstellung 2008 in *The Shadow Factory* aktualisiert. Sie wurden
ebenfalls von den Whistleblowern Thomas Drake und William
Binney angeprangert, aber nicht belegt. Auch Friedrich Kittler
hat, aufbauend auf den Ausführungen Bamfords, bereits in den
1980er Jahren auf die klandestine Technologie der NSA ver-
wiesen (Kittler 1986). Trotz aller Ambivalenz der Reaktionen – von

verschwörungstheoretischen Zuspitzungen über Gleichgültig-
keit bis hin zu offenen Drohungen[23] – haben erst die Dokumente
Snowdens das Tableau des Handelns und das Vertrauen in
die Position aller Beteiligten nachhaltig verändert. Sie führen
nicht zuletzt die Brisanz von Mikroentscheidungen deutlich vor
Augen. Die grenzenlose Überwachung und lückenlose Transparenz, die angestrebt wird und der lange Zeit nur praktische
Beschränkungen entgegenstanden, potenziert die Macht der
Entscheidung um ein vielfaches, weil sie eine Disbalance der
Kräfteverhältnisse perpetuiert: Wer unsichtbar kontrolliert, kon-
trolliert auch, wer was über Überwachung weiß oder nicht weiß.
Und wer nicht weiß, dass er oder sie verdächtigt wird, kann nicht
protestieren.

Die von Snowden aufgeworfenen Debatten stehen vor dem Hintergrund einer in den USA seit den 1970er Jahren auch juristisch
vorangetriebenen Konvergenz von Sicherheits- und Informations-
technologien, die mit der Einführung des Internets eskaliert.
James Comey, der Direktor des FBI, hat im Oktober 2014 in einer
auf die von Snowden geleakten Dokumente reagierenden Rede
vor der *Brookings Institution*, einem der mächtigsten *think tanks*
der USA, unter dem Titel *Going Dark: Are Technology, Privacy, and
Public Safety on a Collision Course?* die Schwierigkeiten seiner
Mitarbeiter erläutert, mit den technischen Entwicklungen
Schritt zu halten: „We have the legal authority to intercept and
access communications and information pursuant to court
order, but we often lack the technical ability to do so." (Comey
2014) Die Herausforderung bestünde darin, in der Verbrechensbekämpfung mit dem immer schneller werdenden Wechsel von
Kommunikationswegen Schritt zu halten, wenn etwa ein Ver-
dächtiger parallel ein Festnetztelefon, mobile Datenübertragung,
Instant Messaging und *Voice-over-IP* nutze. Comey fordert daher
eine öffentliche Diskussion über Nutzen und Nachteil digitaler

---

23 Der ehemalige Direktor des britischen *Secret Intelligence Service*, Nigel
    Inkster, hat versucht, Snowdens Leaks aus Geheimdienstsicht zu relativieren
    (vgl. Inkster 2014).

Verschlüsselung. Bezeichnenderweise hält er seine Rede kurze
Zeit nach der Ankündigung Apples, bei neuen iPhone-Modellen
eine integrierte Verschlüsselung anzubieten, die Apple selbst –
eigenen Angaben zufolge – nicht überwinden kann (Apple 2015).
Ebenso bezeichnend ist es, dass sowohl Comey als auch Apple
Clouddienste von der Sicherheit durch Verschlüsselung aus-
nehmen – auf sie haben staatliche Institutionen zum Zwecke
der Verbrechensbekämpfung weiterhin Zugriff. Es müsse daher,
so Comeys Forderung, gefragt werden, ob es wünschenswert
sei, wenn ein Großteil der übertragenen Kommunikation verschlüsselt werde, weil dies die Verbrechensbekämpfung unge-
mein erschwere und große Kosten verursache. Öffentliches
Interesse wird derart gegen das Recht auf Privatsphäre aus-
gespielt: „Justice may be denied, because of a locked phone or an
encrypted harddrive." (Comey 2014)

Den Hintergrund der von Comey angestoßenen Debatte bildet
der *Communications Assistance for Law Enforcement Act (CALEA)*,
der 1994 unter Bill Clinton verabschiedet wurde. Nach diesem
Gesetz müssen in den USA alle Anbieter von Kommunikations-
diensten und der „capability for generating, acquiring, storing,
transforming, processing, retrieving, utilizing or making available
information via telecommunications" (US Congress 1996) in ihre
Angebote oder Geräte die Möglichkeiten der Überwachung der
Kommunikation zum Zweck richterlich genehmigter polizeilicher
Ermittlungen integrieren. In Deutschland sind Provider gemäß
§110 des Telekommunikationsgesetzes zur Mitwirkung bei Straf-
verfolgung verpflichtet. Aufgabe des US-Gesetzes ist es, „to make
clear a telecommunications carrier's duty to cooperate in the
interception of communications for law enforcement purposes,
and for other purposes." (US Congress 1996) Der letzte Neben-
satz lässt viel Interpretationsspielraum. Das Gesetz umfasst
durch einige Erweiterungen neben klassischen Telefonanbietern
und Internetprovidern auch *Voice-over-IP*-Anbieter. Bereits auf
der Hardwareebene müssen sie ihre Dienste so überwachungs-
freundlich modifizieren, dass es staatlichen Institutionen möglich

ist, sie zur Überwachung potentieller Straftäter zu nutzen, vorausgesetzt, dass eine richterliche Verfügung gegenüber einem User des Anbieters vorliegt. US-Provider dürfen mithin nur Router und Server einsetzen, die technisch zur Überwachung geeignet sind – was allerdings nicht zwangsläufig die Fähigkeit der *Deep Packet Inspection* einschließt, sondern auch klassischere Verfahren des Abhörens beinhalten kann, durch *Deep Packet Inspection* aber technisch massiv vereinfacht wird.

Bereits 2007 wurde bekannt, dass das FBI unter dem Namen *Digital Collection System Network (DCSNet)* mit diesem Gesetz im Rücken die telefonische Kommunikation potentieller Straftäter an den Knoten der Telekommunikationsanbieter flächendeckend zu überwachen in der Lage ist. So können allerdings nur die Verbindungen und Metadaten registriert, aber nicht die Inhalte der Kommunikation überwacht werden (vgl. Singel 2007). 2010 wurde eine Erweiterung des Gesetzes gestoppt, die Internetanbieter wie Facebook oder Google gezwungen hätte, in ihre *Instant Messaging*-Dienste die Möglichkeit der institutionellen Überwachung zu integrieren – auch wenn später bekannt wurde, dass eben diese Firmen ihre Daten an die NSA weiterleiten (vgl. Savage 2013).

Zusammengefasst bedeutet dies, dass in der Hardware und in der Software die Möglichkeit der Überwachung implementiert sein muss. Doch mit der Geschwindigkeit technischer Neuerungen kann das FBI kaum mithalten, wie Comey betont. Durch Verschlüsselung gerate der Arm des Gesetzes immer mehr in Verlegenheit, auch weil die Kooperationsbereitschaft der Anbieter nicht immer zufriedenstellend sei: „I want people to understand that law enforcement needs to be able to access communications and information to bring people to justice" (Comey 2014). Die Sicherheit und Privatsphäre, die manche Anbieter ihren Kunden verkaufen würden, sei ein Hindernis für die Verbrechensbekämpfung. Verschlüsselung sei nur dann zu rechtfertigen, wenn es eine Hintertür für die *lawful interception* durch das FBI gäbe. Dass diese Hintertür auch weniger rechtschaffenden

Interessenten als dem FBI dienen könne, kommt nicht zur Sprache. Entsprechend hat die für Bürgerrechte im digitalen Zeit- alter eintretende *Electronic Frontier Foundation (EFF)*, auch in den Debatten um Netzneutralität ein wichtiger Akteur, wenige Tage nach Comey Rede entgegnet, dass das FBI die Aufgabe ernst- nehmen solle, mehr Sicherheit für alle zu gewährleisten, anstatt Anbieter aufzufordern, für weniger Sicherheit zu sorgen (vgl. C. Cohn 2014).

Mit dem Ziel, Online-Transaktionen sicher zu verifizieren, hat die US-Regierung unter Bill Clinton bereits 1993 versucht, eine hardwareseitige Standardverschlüsselung für alle vernetzten Geräte einzuführen, die zugleich zur eindeutigen Identifizierung der Beteiligten gedient hätte.[24] Der von den in allen netz- werkfähigen Geräten installierten Chips *Clapstone* und *Clipper* verwendete Algorithmus mit dem Namen *Skipjack* hätte der Staatlichkeit jedoch zugleich eine ständige Möglichkeit gegeben, trotz Verschlüsselung den Datenaustausch zu überwachen. Das Versprechen lautete also: Wir geben euch Sicherheit, wenn ihr uns – und nur uns – eure Privatsphäre öffnet. Der Schlüssel zu allen verschlüsselten Geräten sollte nicht nur beim User, sondern auch in einer staatlichen Datenbank liegen, die allein mit ent- sprechender richterlicher Anweisung abzurufen gewesen wäre. Letztlich scheiterten diese Versuche am öffentlichen Druck und Protesten der Industrie, die um Absatzmärkte im Ausland bangte. Die NSA hat eben diese Verfahren jedoch auch ohne rechtliche Grundlage und lediglich durch den War on Terror begründet weitergeführt. Comey wärmt diese bereits in den 1980er Jahren begonnene Debatte auf und macht zwar deutlich, wie wenig sich die verschlüsselungsskeptischen Positionen der Regierung seitdem verändert haben, zeigt aber ebenfalls, welche massiven

---

24 Zu den Ver- und Entschlüsselungsdebatten, den sogenannten Cryptowars
    in den USA Mitte der 1990er Jahre, siehe Engemann 2015. Zur Geschichte
    der Verschlüsselung und ihren Konflikt mit der Staatlichkeit vgl. Diffie und
    Landau 2010.

Maßnahmen der entschlüsselnden Überwachung seitdem allein vom FBI getroffen wurden.

Am Horizont dieser Diskussion steht mehr als der Wunsch nach besseren Arbeitsbedingungen für Ermittler. Das CALEA-Gesetz besagt auch, dass ein Anbieter nicht dafür verantwortlich ist, eine vom User ausgehende Verschlüsselung zu entschlüsseln. Dies ist Aufgabe der Strafverfolgungsbehörden. Faktisch läuft Comeys Argumentation darauf hinaus, dass Provider in Zukunft gezwungen werden sollen, mit Hilfe von Deep Packet Inspection beispielsweise mit dem *Pretty Good Privacy*-Verfahren *(PGP)* verschlüsselten Traffic nicht mehr zu verarbeiten. Verschlüsselung soll schlicht gänzlich verhindert werden, um diejenigen, die etwas zu verbergen haben, zu behindern.

Auch neben den schon zur Einführung des Gesetzes vorgebrachten ökonomischen Nachteilen für amerikanische Anbieter sind die Schwachstellen der Argumentation Comeys offensichtlich: Wie das FBI den eigenen Datenaustausch sichern soll, verschweigt er. Eine technische Schwelle zu fordern, die Verschlüsselung grundsätzlich verhindert, erscheint ebenso naiv wie gefährlich für alle, die aus guten Gründen gezwungen sind, ihren Traffic zu schützen – seien es Banken, Menschenrechtler oder Polizisten selbst. Stattdessen macht Comeys Vorschlag alle, die zum Schutz ihrer Privatsphäre vor der NSA und datenhungrigen Konzernen – und nicht zum Verbergen von Verbrechen – Verschlüsselungsverfahren anwenden, zu impliziten Befürwortern der Behinderung der Justiz. Sich der Kooperation mit der NSA oder dem FBI zu widersetzen wäre im alles andere als unrealistisch erscheinenden nächsten Schritt gesetzeswidrig – ebenso wie die Lautbarmachung dieser Aktivitäten in der Öffentlichkeit.

Auch wenn man das FBI nicht mit der NSA gleichsetzen kann, wird an Comeys Argumentation deutlich, wie massiv die Netzneutralität auch von staatlicher Seite hinterfragt wird. Seine Aussagen ergänzen sich passgenau mit dem, was die NSA praktiziert, die sich lange Zeit den dem FBI auferlegten Beschränkungen nicht unterworfen fühlte. Im Unterschied zum FBI hat die NSA jedoch das Ziel, schlicht alle verfügbaren Daten unabhängig von einer rechtlichen Befugnis zu sammeln, um den weltweiten Terrorismus zu bekämpfen, den Hinweisen zufolge aber auch Wirtschaftsspionage zu betreiben und politisch motivierte Abhöraktionen zu starten. Im Gegensatz zum FBI bestimmen die Geheimdienste selbst, wer Gegner der Regierung ist. Das größte Problem der NSA ist jedoch nicht die Verschlüsselung, sondern die Speicherung ungeheurer Datenmengen angesichts von „volume, velocity and variety" (Bamford 2008, 331). So konstatiert Edward Snowden in seinem ersten Interview mit den Journalisten Laura Poitras, Glenn Greenwald und Ewen MacAskill aus dem Juni 2013:

> It ingests them by default. It collects them in its system and it filters them and it analyzes them and it measures them and it stores them for periods of time simply because that is the easiest, most efficient, and most valuable way to achieve these ends. (Greenwald, MacAskill und Poitras 2013)

Wenige Tage vor diesem Interview, mit dem sich Snowden, bis zu seinem Untertauchen Infrastruktur-Analyst bei der für die NSA tätige Firma Booz Allen Hamilton, als Whistleblower identifiziert, veröffentlicht die britische Tageszeitung The Guardian ein erstes Dokument aus dem Fundus von mehr als 200000 Dateien: eine Anweisung des Foreign Intelligence Surveillance Court, der nach dem Missbrauch von Überwachungsmöglichkeiten gegenüber Bürgerrechtlern und Pazifisten in den 1970er Jahren eingesetzt wurde, um derartige Maßnahmen zu genehmigen und später zum verlängerten Arm der NSA wurde.[25] Bis 2012 hat dieses Gericht bei mehr als 20.000 Anträgen nur elf Gesuche abgelehnt

---

25 Auf die Folgen der Snowden-Enthüllungen kann an dieser Stelle nur am Rande eingegangen werden. Für eine ausführlichere Kontextualisierung vgl. Landau 2013 und 2014. Zu Snowdens Rolle als Whistleblower vgl. Scheuerman 2014.

(Greenwald 2014, 95). Im ersten geleakten Dokument wird dem Provider Verizon unter der – ironischerweise wie ein Header über den eigentlichen Text gesetzten – Anweisung „TOP SECRET// SI//NOFORN", also allein für *Special Intelligence* und *No Foreign Nationals*, folgender Befehl erteilt:

> It is hereby ordered that, the Custodian of Records shall produce to the National Security Agency (NSA) upon service of this Order, and continue production on an ongoing daily basis thereafter for the duration of this Order, unless otherwise ordered by the Court, an electronic copy of the following tangible things: all call detail records or ‚telephony metadata' created by Verizon for communications (i) between the United States and abroad; or (ii) wholly within the United States, including local telephone calls. [...] It is further ordered that no person shall disclose to any other person that the FBI or NSA has sought or obtained tangible things under this Order [...]. (verfügbar in Guardian 2013)

Am unteren Rand der ersten Seite des Dokuments ist das Deklassifizierungsdatum angegeben: der 12. April 2038. Gegen eine geheime Anordnung wie diese kann nur vor einem geheimen Gericht protestiert werden – oder gar nicht.[26]

Der Fortlauf der Enthüllungen Snowdens unterliegt einer streng orchestrierten Inszenierungsstrategie: Einen Tag, nachdem dieses Dokument die Weltöffentlichkeit darüber informiert, dass einer der größten Internetprovider der USA alle Verbindungsdaten an die NSA übermitteln muss, folgt eine geradezu billig anmutende interne Schulungs-PowerPoint-Präsentation über das Spionageprogramm Planning Tool for Resource Integration, Synchronisation and Management *(PRISM)*, in der Microsoft, Yahoo, Google, Facebook, PalTalk, YouTube, Skype, AOL und Apple als Anbieter aufgeführt werden, deren Serverdaten routinemäßig

---

26   Die neue Rolle des Geheimnisses in digitalen Kulturen haben Timon Beyes und Claus Pias (2014) ausführlich dargestellt.

gesammelt werden. Die NSA hat, so wird an den Folien deutlich, Zugriff auf alle Prozesse auf diesen Plattformen, auf dort gespeicherte Inhalte und auf *Voice-over-IP*-Gespräche (verfügbar bei Electronic Frontier Foundation 2013). Die kurz darauf folgenden Enthüllungen gelten der Software *XKeyscore*, die es erlaubt, den Internetverkehr einer Zielperson live anzuzeigen und über CALEA hinaus Anbieter zwingt, die von ihnen gesammelten Daten über alle User und nicht nur über Verdächtige mit der NSA zu teilen. In einem Interview mit dem Norddeutschen Rundfunk beschreibt Snowden die Arbeitsweise des Programms:

> You could read anyone's email in the world, anybody you've got an email address for. Any website: You can watch traffic to and from it. Any computer that an individual sits at: You can watch it. Any laptop that you're tracking: you can follow it as it moves from place to place throughout the world. It's a one-stop-shop for access to the NSA's information. (Mestmacher-Steiner 2014)

In den anschließenden Wochen kommen immer neue Dokumente ans Tageslicht, die das Ausmaß der durch die NSA, aber auch durch den britischen Geheimdienst *GCHQ* und seinem Programm *Tempora* sowie schließlich auch die Geheimdienste nahezu aller westlichen Industrienationen betriebenen Überwachung und Spionage offenlegen. Sie zielen auf die Auflösung von Privatsphäre in digitalen Netzen. Laut eigenen, zur Relativierung der Leaks veröffentlichten Angaben überwacht die NSA 1,6 Prozent der täglich übertragenen 1826 Petabyte, indem vor allem die über Seekabel verschickten 29 Petabyte gesammelt werden. Von diesen Daten werden vermeintlich nur 0,025 Prozent weiter analysiert, was einen Anteil von 0,00004 Prozent des weltweiten Datenverkehrs ausmacht (National Security Agency 2013). Wenn man aus dem gesamten globalen Traffic jedoch alle *Peer-to-Peer*-Dienste sowie Videostreaming von vornherein aussortiert, sind 1,6 Prozent des Rests alles andere als wenig. Wenn die Speicherung dann auch noch selektiv verfährt, mehrfach besuchte Seiten nicht mehrfach speichert und Bilder ignoriert, dann ist die Vermutung nicht abwegig, dass diese 1,6 Prozent des gesamten Traffics ausreichen, um etwa alle an einem Tag versandten E-Mails abzufangen.[27] Das NSA-Programm *Monstermind* allein, von dem Snowden in einem Interview mit James Bamford berichtet, soll zur Abwehr von Cyberattacken auf die USA allen aus fremden Ländern stammenden Internetverkehr bei der Ankunft in den USA auf verdächtige Muster wie *Distributed Denial of Service*-Angriffe *(DDoS)* untersuchen, um mögliche Bedrohungen zu erkennen (Bamford 2014).

Über Metadaten ist damit noch nichts gesagt. Andere Quellen sprechen, wie das *Wall Street Journal* berichtet, von 75 Prozent der Metadaten allen Traffics in den USA oder gar von 80 Prozent aller Telefongespräche (vgl. Gorman und Valentino-DeVries 2013 sowie Loewenstein 2014). Wie Dokumente aus dem Archiv Snowdens zeigen, werden allein im Mobilfunkbereich täglich 5 Milliarden Datensätze von mehreren Hundert Millionen mobilen Geräten gesammelt, aus denen sich Rückschlüsse über den Aufenthaltsort ihrer User treffen lassen (vgl. Gellman und Soltani 2013). So ist es nicht verwunderlich, dass es der NSA möglich war, für jeden Verdächtigen drei ‚degrees of separation', also drei Stufen der Entfernung von der Zielperson aus zu überwachen, für eine Person mit 100 Kontakten mithin nicht nur diese, sondern auch tausende ihrer potentiellen Kontakte zu identifizieren. Auch wenn dies künftig auf zwei ‚degrees of separation' beschränkt werden soll, bleibt diese Zahl abstrus groß (vgl. Bauman et al. 2014, 125).

In wie weit die genannten „secretive systems of suspicionless surveillance" (Greenwald 2014, 8) der NSA, von denen der Journalist Glenn Greenwald spricht, erfolgreich waren, ist umstritten. In welchem Ausmaß sie trotz der massiven

---

27   Wie der Jurist Edward W. Felten in einem Gerichtsgutachten ausgerechnet hat, umfassen die Metadaten für 3 Milliarden tägliche Telefonanrufe in den USA bei ca. 50 Byte pro Anruf etwa 140 Gigabyte pro Tag und 50 Terabyte pro Jahr – nicht mehr als eine Handvoll üblicher Festplatten zu speichern vermag. Eben diesen Daten gilt der zitierte Gerichtsbeschluss für Verizon (vgl. Felten 2013).

öffentlichen Kritik fortgesetzt werden, ist unabhängig von einer
Reihe von Untersuchungsberichten und einer vor allem von
Brasilien und Deutschland vorangetriebenen UN-Resolution zum
Schutz der Privatsphäre als Fundament der Demokratie ebenso
unklar wie die konkrete Funktionalität der Programme (vgl.
Human Rights Council 2014).[28] Klar ist jedoch, dass ihre Möglichkeit daran hängt, dass aller Traffic Knoten durchqueren muss und
dort angezapft werden kann. Die schiere Menge an Daten und
das damit verbundene Speicherproblem könnte für die 30000
internen und die 60000 externen Mitarbeiter der NSA den Zugriff
auf die jeweils gewünschten Informationen über terroristische
Aktivitäten verhindert haben, während zu diesem Zweck
systematisch und bewusst Bürgerrechte und internationales
Recht gebrochen wurden (zu diesen Zahlen vgl. Greenwald 2014,
76). Zwar sollten sich die Überwachungsmaßnahmen der NSA auf
Ausländer beschränken, doch dies erscheint angesichts der weltweiten Vernetzung von Datenströmen nahezu unmöglich. Das
größte Bedürfnis der NSA gilt daher gar nicht so sehr leistungs-
fähigeren Überwachungstools, sondern schlicht mehr Speicher-
platz, den das neue *Mission Data Repository* auf mehr als 100000
Quadratmetern für bis zu zwölf Exabyte in Bluffdale/Utah bereit-
stellen soll.[29] Dort stünden, wenn man den Zahlen aus der Presse
Glauben schenken darf, rund zwei Gigabyte pro Erdbewohner zur
Verfügung.

Die Enthüllungen Edward Snowdens werfen mithin Fragen
auf, die an dieser Stelle nur angedeutet werden können. Sie
betreffen das Selbstverständnis aller, die sich als Bürger und
Demokraten im Internet bewegen und oszillieren zwischen der
Kolonisierung des Privaten und der neuen Bedeutung der Presse.

---

28   Zum im Auftrag der US-Regierung verfassten NSA-Bericht siehe Clarke et al.
      2014.
29   12 Exabyte entsprechen 12000 Petabyte, zwölf Millionen Terabyte oder zwölf
      Milliarden Gigabyte. 400 Terabyte reichen, um alle je geschriebenen Bücher
      zu speichern. 300 Petabyte würden reichen, um alle US-Telefongespräche
      eines Jahres zu speichern (vgl. Hill 2013).

Bezeichnenderweise besteht die erste anonyme Nachricht
Snowdens an Greenwald in der Bitte, eine PGP-Verschlüsselung
für seinen E-Mail-Verkehr einzurichten, damit er ihm geheime
Dokumente senden könne – eine Bitte, die Greenwald monate-
lang aus Trägheit nicht erfüllt und die Snowdens Whistleblowing
fast gestoppt hätte.[30]

Die um diese offenen Fragen und viel zu lange ungestellten
Herausforderungen zu führende Debatte sollte berücksichtigen,
dass sich seit dem Aufkommen des Internets das Verhältnis
des Staats zu seinen Bürgern – parallel zum „Krieg gegen den
Terrorismus" – massiv verändert hat und nicht nur Bürger
gegenüber dem Staat durchsichtig sind, sondern mit Wikileaks
und Whistleblowern wie Snowden auch der Staat bis zu einem
gewissen Grad durchsichtig wird. Fraglich ist damit in jedem Fall,
in wie weit dieses Verhältnis mit klassischen Politikmodellen noch
vereinbar ist.[31]

Unter dem Titel *After Snowden: Rethinking the Impact of Surveillance* haben eine Reihe von Politikwissenschaftlern und

---

30   Vgl. Greenwald 2014, 10. Eine ausführliche Anleitung zur Einrichtung
     von PGP und weitere Informationen zur Verschlüsselung finden sich auf
     http://ssd.eff.org/.
31   Bernhard H. F. Taureck hat in seinem Buch über die NSA als ‚Überwachungs-
     demokratie' beschrieben, weil die NSA immer mehr die Rolle einer Religion
     im postsäkularen Zeitalter übernehme. Der Essay zeigt die verfassungs- und
     staatstheoretischen Verschiebungen des Machtgefüges hin zu dem, was
     Taureck Monitorkratie nennt. Ihre Funktion fuße darauf, dass das Wissen
     der Geheimdienste das Wissen der Menschheit „um das Vierhundert-
     fache" (Taureck 2014, 10) überschreite. Woher diese Zahl stammt und ob
     das Wissen der Menschheit – vermutlich ist damit die Speichermenge
     aller geschriebenen Texte gemeint – überhaupt sinnvoll mit den von der
     NSA gesammelten Informationen verglichen werden kann, bleibt unklar.
     Vielmehr scheint an dieser Stelle ein Kategorienfehler vorzuliegen, in dessen
     Folge Taureck auch den Einbruch des Digitalen und all seine Auswirkungen
     nicht thematisiert. Die Argumentation, so stimmig sie die politische Lage
     auch schildern mag, ist nicht an die konkreten Praktiken der NSA rück-
     gebunden und unterscheidet beispielsweise nicht zwischen Daten und
     Metadaten. So verwundert es auch nicht, dass Verschlüsselung als Gegen-
     strategie nicht in den Blick kommt.

Soziologen um Zygmunt Bauman versucht, die Reichweite der Leaks für die Soziologie zu erfassen, zugleich aber auch auf die Schwierigkeiten hingewiesen, einen neuen theoretischen Rahmen zu finden:

> Most perplexingly, perhaps, we seem to be engaging with phenomena that are organized neither horizontally, in the manner of an internationalized array of more or less self-determining and territorialized states, nor vertically in the manner of a hierarchy of higher and lower authorities. Relations, lines of flight, networks, integrations and dis-integrations, spatiotemporal contractions and accelerations, simultaneities, reversals of internality and externality, increasingly elusive boundaries between inclusion and exclusion, or legitimacy and illegitimacy: the increasing familiarity of these, and other similar notions, suggests a powerful need for new conceptual and analytical resources. (Bauman et al. 2014, 124)

Das Autorenkollektiv bewegt sich bewusst außerhalb der gängigen Narrative der Big-Brother-Überwachung, die lediglich davon ausgehen, dass neue Technologien präzisere Überwachung ermöglichen. Vielmehr zeigen sie jenen gesellschaftlichen Prozess auf, in dem Geheimdienste selbstständige politische Akteure geworden sind, die eigene Ziele setzen. So wird die Transformation geheimdienstlicher Praktiken offenkundig, mit der wir konfrontiert sind: staatliche Grenzen überschreitende Verflechtungen, in denen Rollen neu verteilt, Partner gleich-zeitig mit- und gegeneinander agieren und Probleme nationaler Rechtsprechung auftauchen, wenn etwa der BND Daten, die er selbst nicht erheben darf, von der NSA anfordert und umge-kehrt, während zugleich die Instrumentalisierung vermeintlicher Partner durch die NSA zu Tage tritt. *Big Data* macht vor Landes-grenzen nicht Halt.

All dies kulminiert erstens in der Ersetzung von „a high degree of certainty about a small amount of data to a high degree of uncertainty about a large amount of data" (Bauman et al. 2014, 125), zweitens in der Kollaboration der Überwachten mit der Überwachung durch die flächendeckende freiwillige Offenlegung privater Daten im Internet, sowie drittens in den daraus entstehenden Formen einer Subjektivität, in der jeder verdächtig ist und soziale Beziehungen zur Ware werden. Im gleichen Schritt wie die Verselbständigung der Geheimdienste hat sich mit dem Verhältnis von Überwachung und Privatsphäre der Raum der Selbstentfaltung von Subjekten verändert, weil ihre Relationen zu anderen Subjekten wertvoll, handelbar und verarbeitbar geworden sind. Mit den Regimen der Überwachung gehen daher neue Subjektivierungsweisen einher, die ebenfalls von Mikroentscheidungen betroffen sind.

Das Ende des Internets

Nach Snowden sollte das Internet nicht mehr das sein, was es einmal war. Doch diese Zukunft ist auch von einer anderen Seite aus bedroht – oder war vielmehr immer schon bedroht. Der *dritte Grund* für die Intensität der gegenwärtigen Debatten ist die Befürchtung, dass das World Wide Web an ein Ende kommen könnte (vgl. Riley und Scott 2009). Zugespitzt gesagt könnten, wenn die Aufhebung der Netzneutralität zur Regel wird, zukünftig Teile des bislang frei zugänglichen Internets für User von bestimmten Providern nicht mehr zugänglich sein, was sich, noch weiter zugespitzt, strukturell kaum von der Situation in China unterscheiden würde, wo Google oder YouTube mit den genannten technischen Verfahren gesperrt sind. Die Gefahr besteht mithin darin, dass das Internet nicht mehr für jeden User identisch wäre, weil jeder User abhängig von seinem Vertrag und den Praktiken seines Providers oder seiner Regierung nur bestimmte Ziele ansteuern könnte. Um es in den eindringlichen Worten Tim Berners-Lees zu sagen:

> If we, the Web's users, allow these and other trends to proceed unchecked, the Web could be broken into fragmented

islands. We could lose the freedom to connect with
whichever Web sites we want. (Berners-Lee zitiert nach
Whitney 2010)

Gerade in dieser Hinsicht gewinnen auch die Snowden-Enthüllungen an Bedeutung. Die Überwachung von Festnetztelefonen
im Kalten Krieg oder das von Geheimdiensten seit Dekaden
praktizierte Öffnen von Briefen haben diese Kommunikations-
medien nicht in Frage gestellt (zur Telefonüberwachung vgl.
Rieger 2008). Doch die Dimension der Online-Überwachung
stellt angesichts der Tatsache, dass heute nahezu alle Kom-
munikationswege über Server und Router laufen, diese
Architektur selbst in Frage, oder, wie es Sascha Lobo ausgedrückt
hat: „Das Internet ist kaputt" (Lobo 2014). Lobo setzt zwar voraus,
dass ein heiles Internet frei, neutral und offen wäre. Doch die auf-
geworfene Frage, wie das Gegenteil eines nicht-neutralen, überwachten und geschlossenen Internets modelliert werden könnte,
bleibt bestehen.

Im November 2014 veröffentlicht das Weiße Haus ein YouTube-
Video mit einer kurzen Ansprache Barack Obamas, in der sich
der Präsident in einer bis dahin ungekannten Deutlichkeit zur
Netzneutralität bekennt. Er fordert die unabhängige, 1934
zur Regulierung jeglicher Art von Informationsübertragung
gegründete Behörde *Federal Communications Commission* (*FCC*)
auf, in ihren Regelsetzungen eine bedingungslose Neutralität
aller Datenpakete sicherzustellen, sie solle der demokratischen
und wirtschaftlichen Funktion des „vibrant ecosystem of digital
devices, apps, and platforms that fuel growth and expand
opportunity" keine Steine in den Weg legen. „As long as I am
president, that is what I am fighting for." (White House 2014)
Der Hintergrund von Obamas Forderung ist eine im Jahre 2005
getroffene Entscheidung, Provider als *information services* und
nicht als *telecommunications services* zu behandeln, die weniger
Regulierungsmöglichkeiten unterliegen. Obama weist darauf
hin, dass diese Definition veraltet sei und Provider zukünftig als
Telekommunikationsdienstleister verstanden werden sollten,

die für die Gesellschaft wichtige Funktionen erfüllten und damit einer stärkeren Aufsicht unterlägen. Einer Stellungnahme Tim Wus zufolge bedeutet dies, Telekommunikation als Gemeingut (*common*) zu behandeln, das entsprechend dem Wohl der Gesellschaft dient und daher nicht privaten Interessen untergeordnet werden könne (vgl. Scola 2014).

So bemerkenswert und wichtig Obamas Äußerungen für die Netzneutralitätsdebatte als erste eindeutige Stellungnahme einer Regierung für bedingungslose Neutralität auch sein mögen, so sehr zeigen sie auch, wie wichtig es ist, Netzneutralität und Überwachung zusammenzudenken. Denn so bedingungslos sie erscheinen mag, kann die vom Friedensnobelpreisträger geforderte Neutralität schon aus rechtlichen Gründen nicht sein: Die Überwachung zum Zwecke der Verbrechensbekämpfung und damit die Anwendung eben jeder Hardware, die zum Netzwerkmanagement verwendet wird, ist weiterhin festgeschrieben und außerhalb aller Diskussion. Unter Obama wurden die Befugnisse der NSA noch ausgedehnt. Jeder einzelne Datensatz gerät deswegen in die Kontrolle der NSA, weil über seine Verteilung entschieden werden muss und dazu die Übertragung unterbrochen wird. Dieses Zeitfenster ist der Lebensraum der NSA. Oder, um es in den hellsichtigen Worten zu sagen, die Friedrich Kittler bereits 1986 gefunden hat: „Die NSA als Zusammenfall von Strategie und Technik wäre Information überhaupt." (Kittler 1986) Nach Snowden kann über Netzneutralität nicht mehr so diskutiert werden wie vor Snowden.

Nur wenige Tage nach Obamas Statement stoppen die Republikaner im US-Senat die von der demokratischen Regierung unter dem Titel *USA Freedom Act* vorangetriebene Reform der NSA, die auch von den Providern und Anbietern digitaler Dienste massiv unterstützt wurde (vgl. Ackerman 2014). Das Gesetz hätte weite Teile der Massenüberwachung von Metadaten beendet und Programme wie *PRISM* stark eingeschränkt. Die Daten wären zwar weiterhin für eine Zeitspanne von 18 Monaten von Providern gesammelt worden, doch die NSA hätte nur dann Zugriff darauf,

wenn dies nachweislich der Aufklärung oder Verhinderung
terroristischer Akte gedient hätte. Und nur wenige Tage nach
dieser Abstimmung, am 4. Dezember 2014, verkündet Angela
Merkel auf dem *Digitizing Europe Summit*, dass ihre Regierung die
Einrichtung eines Zwei-Klassen-Internets unterstützen werde:
Innovationsfreundliches Internet heißt, „dass es eine bestimmte
Sicherheit für Spezialdienste gibt. [...] Deshalb brauchen wir
beides, das freie Internet und das qualitätssichere Internet für
Spezialdienste." (Merkel 2014) Doch ein freies Internet kann nicht
halbiert werden. Obamas Rede hingegen hat die FCC erreicht: Im
Februar 2015 optierte die Behörde für Netzneutralität und ver-
öffentlichte ein Set von Regeln für ihre Sicherstellung.

Wie sich an den genannten drei Gründen – dem gestiegenen
Verkehrsaufkommen, den Möglichkeiten der *Deep Packet
Inspection* und der drohenden Unzugänglichkeit von Teilen des
Internets – zeigt, betreffen die Netzneutralitäts- wie die Über-
wachungsdebatte einige der zentralen Herausforderungen, vor
denen digitale Kulturen gegenwärtig stehen. Sie alle drehen sich
um die Rolle von Mikroentscheidungen. Um zu verstehen, was
mit ihnen auf dem Spiel steht, in welchem Rahmen, an welchen
Orten und zu welchen Zeiten sie getroffen werden und wie sie für
bestimmte Interessen in Anspruch genommen werden können,
ist es daher nötig, tiefer in die technische Architektur der Datenübertragung einzusteigen. Oder, wie es die Informatikerin Agata
Królikowski ausgedrückt hat:

> Der Unterschied zwischen Beobachten und Eingreifen,
> zwischen Information blockieren, Information verzögern und
> Information durchleiten ist lediglich eine technische Regelde-
> finition in Software, die jederzeit geändert werden kann.
> (Królikowski 2014, 158)

Um abschließend eine andere Perspektive zu öffnen, die zum
nächsten Kapitel überleiten soll, kann all dies schließlich auch
medientheoretisch reformuliert werden: Das *End-to-End*-Prinzip
befreit die Kommunikation und die übertragene Nachricht

potentiell von der Überwachung, indem es eine Unterbrechung der Übertragung einfügt, durch die zwar die Weiterleitung der Pakete verarbeitet wird, dies aber mittels eines Protokolls, in dem ihr Inhalt keine Rolle spielt. Weil die Übertragung keiner direkten Verbindung folgt, die A an B anschließen würde, sondern über eine Reihe von Knoten vermittelt wird und es mehrere mögliche Verbindungen gibt, öffnet die Unterbrechung das Zeitfenster der Kontrolle. Diese Unterbrechung ist insofern ambivalent, als sie zwar dem ungehinderten Datentransport dient, zugleich aber, qua Vernetzung, den technischen Ansatzpunkt der Überwachung des Traffic mit sich bringt. Aus dieser Perspektive führt die Neutralität des Netzes zu einer ungehinderten Kommunikation, die nur insofern ungehindert sein kann, als sie an jedem Knoten gestoppt wird. Die Unterbrechung ist dieser Übertragung eingeschrieben. Zwischen Sender und Empfänger steht *interception*. Wie sich bei der Lektüre von Barans Netzwerktheorie zeigen wird, ist es exakt dieser in den Begriffen der Kommunikationstheorie Claude Shannons beschreibbare Punkt, an dem über den Einsatz der Mikroentscheidungen hinaus die Bedeutung und die Möglichkeit von Kommunikation in digitalen Netzen ausgehandelt wird – und zugleich die Dimension der Mikroentscheidungen durch die Phantasmen einer unmittelbaren, instantanen Übertragung verdeckt wird, die keine Zeit braucht und über die immer schon entschieden ist.

Was fließt, sprudelt nicht: *Packet Switching* und die Instantanität der Übertragung

Als für die Entstehung des Internets zentrale – wenn auch in ihrem Einfluss letztlich umstrittene – Ausarbeitung einer Netzwerktheorie gilt *On Distributed Communications Networks* von Paul Baran aus dem Jahr 1964. Barans Modell einer Netzwerkarchitektur eröffnet das Machtgefüge, in dem Mikroentscheidungen auf der Basis von Protokollen gefällt werden. Diese technischen Voraussetzungen der digitalen Distribution gehen mit einer neuen Politik der Vernetzung einher, die bis in die Gegenwart fortwirkt. Sie bildet zugleich das Momentum des Übergangs von der Möglichkeit des gezielten Abhörens einzelner Verbindungen zu einem diffusen Mithören aller Verbindungen, das die Praktiken der NSA von denen früherer Geheimdienste scheidet. Das Modell Barans enthält mit den technischen Bedingungen einer neutralen, auf Entscheidungen an Knoten beruhenden Übertragung die Möglichkeit der Aufhebung dieser Neutralität.

Zwar unterscheiden sich die später gebauten Netzwerke und auch das Internet in einigen Punkten von den nur auf Papier existierenden Maschinen Barans, weil sie skalenfrei anstatt

distribuiert sind, also einzelne Knoten zu sogenannten Hubs
werden und sehr viele Verbindungen sammeln.[32] Erst über
Umwege werden in den 1970er Jahren einige Ideen Barans in
die Konstruktion des *Arpanet* übernommen, nachdem sich das
Militär und der verantwortliche Telefonprovider AT&T zunächst
geweigert hatten, von analoger auf digitale Übertragung umzu-
steigen (vgl. Brand 2003). Sein Text verhandelt dennoch auf neu-
artige Weise die technischen Aspekte zeitkritischer Übertragung
und mikrotemporaler Synchronisationen von Information in Netzwerken.[33] Er zeigt in aller Klarheit, dass ihr Gelingen auf Mikroentscheidungen im Verlauf der Vermittlung beruhen muss. Diese
Mikroentscheidungen lokalisiert Baran in die Mitte der Übertragung und liefert zugleich die Anleitung, wie sie zu treffen sind.
An diesem Modell lässt sich daher studieren, welchen Vorgaben,
Ökonomien und Widersprüchen eine solche Netzwerktheorie der
Kommunikation ausgesetzt sein kann und welchen theoretischen
und historischen Hürden sie sich schon vor aller technischen
Umsetzung stellen muss – Hürden, die sich vor allem als zeit-
kritische herausstellen werden, als theoretische wie technische
Schwierigkeit, mit den Eigenzeiten und Mikrotemporalitäten von
Netzwerken sowie den überlieferten Begehren nach einer Über-
windung zeitlicher Beschränkungen umzugehen – einer Unmittel-
barkeit der Übertragung.

Diese paradoxe Konstellation einer zeitgebundenen und einer
zeitlosen Übertragung kondensiert in zwei Metaphern: *bursts*
und *flows*. Die ideale Operationsweise eines elektronischen

32 Vgl. Barabási and Bonabeau 2003. Martin Warnke hat anhand von der
Beschreibung skalenfreier Netze, in denen viele Knoten kaum Verbindungen
und einige wenige Knoten, etwa Internetseiten wie Facebook oder Twitter,
sehr viele Verbindungen haben, gezeigt, dass die Teilnahme aller User am
Web 2.0 den Teilnahmebedingungen dieser großen Anbieter unterliegt (vgl.
Warnke 2014).
33 Wolfgang Ernst argumentiert in verschiedenen Veröffentlichungen über
prozessbasierte, zeitkritische Medien in eine ähnliche Richtung, geht von der
Programmatik aber selten zur Beschreibung konkreter Technologien über
(vgl. Ernst 2007).

Kommunikationsnetzwerks basiert auf einem ununterbrochenen, kontinuierlichen und zuverlässigen *flow* der Übertragung. Jedoch werden diese Übertragungen zugleich als „bursts of information" (Abbate 2000: 19) beschrieben, als Paketlieferungen, die auf dem Weg beständig unterbrochen werden und an jedem Knoten Zeit verlieren. Parallel zu diesen *bursts* wird das Bild des *flows* aufrechterhalten, der überall zugleich sein soll. Solche Metaphern sollten nicht mit den technischen Details von Frequenzen und Oszillationen in Kabeln oder Wellen verwechselt werden. Sie sind Teil einer historischen Dynamik, die sich, wie ich zeigen möchte, aus den Wissenschaften der Elektrizität seit dem 18. Jahrhundert speist und die in Barans Modell erneut an die Oberfläche tritt. Die folgenden Bemerkungen sind der Versuch, diese zwei Modi des *bursts* und des *flows* als Artikulationen einer historisch erprobten Herangehensweise an die zeitliche Dimension technischer Medien zu verstehen. Sie haben konträre Konsequenzen, was ihre Politiken angeht. Darin liegt ihre Brisanz für unseren Blick auf gegenwärtige Netzwerke: Wäre alles unmittelbar miteinander verbunden, würden sich unsere Handlungsoptionen radikal ändern – sicherlich nicht zu unseren Gunsten. Denn in einer unmittelbaren Kommunikation wären alle Entscheidungen schon entschieden, es gäbe keinen Ort und keine Zeit der Unterbrechung und damit keine Veränderung der Kommunikation.

Folgerichtig argumentiert dieses Kapitel auf zwei Ebenen: Zum einen untersuche ich die Technizität von Barans Modell hinsichtlich seiner Zeitlichkeit und Übertragungsfähigkeit; zum anderen beziehe ich all dies auf die Geschichte der Unmittelbarkeit, wie sie in der Erforschung der Elektrizität hervortritt und in Barans Text wiederkehrt. Indem ich – durchaus mit einem Registerwechsel im Vergleich zum letzten Kapitel – Perspektiven auf Ingenieurswissen, Technik, Kommunikation und Geschichte verbinde, möchte ich die zugrundeliegenden Annahmen über Zeitlichkeit herausarbeiten. Sie werden sich letztlich als fundamental für eine Netzwerkpolitik, ihre Kritik und unsere Konzeption von Medien erweisen. An dieser Zeitlichkeit tritt die Bedeutung der Entscheidungen in aller Deutlichkeit hervor – zugleich aber auch die Gefahr, dass sie verdeckt und unsichtbar werden. Mein Ziel ist es, zu betonen, was Jacques Derrida eine „Kohärenz im Widerspruch" nennen würde, die einer „Begierde Ausdruck gibt" (Derrida 1976, 423). In diesem Fall begleitet die Kohärenz des Widerspruchs von *flow* und *burst* die Geschichte der Medien und ist tief in die technologische Bedingung der Gegenwart eingelassen. Eine solche „Kohärenz im Widerspruch" sollte nicht auf eine Lösung hin gedacht werden, denn sie ist weder falsch noch wahr. Aber sie übt einen unterschwelligen Einfluss auf die Ökonomie von Barans Text und sein politisches Imaginäres aus. Diesen Spuren zu folgen bedeutet, der phantasmatischen Dimension technischer Medien und ihren kulturellen Einflüssen zu folgen.

In diesem Sinne können die folgenden Überlegungen auch als Ansätze zu einer Archäologie der gegenwärtigen technischen Infrastrukturen verstanden werden, welche die gegenwartsorientierte Perspektive des letzten Kapitels ergänzen (vgl. zur Achäologie der Medien Parikka 2012). Infrastrukturen sind nicht einfach Werkzeuge oder Produktionsmittel. Sie sind politisch, weil Mikroentscheidungen darüber, wer kommuniziert und wer nicht, was übertragen wird und was nicht, wer verbunden und wer getrennt wird, auf ihrer Ebene getroffen werden. Wir sollten diese Fragen nicht Ingenieuren oder gar Politikern überlassen, deren Urteil auf der Expertise der Ingenieure beruht. Vielleicht sollten wir bis zu einem gewissen Grad selbst zu Ingenieuren werden oder zumindest lesen, was sie schreiben und auseinanderbauen, was sie bauen.

Bei Baran werden in dieser Hinsicht Beziehungen zwischen Menschen durch Netzwerke als neutrale Relationen behandelt, die technischen Verfahren unterworfen sind. Wer mit wem verbunden ist, ist bei Baran noch unbedeutend, und die Frage, was es bedeutet, soziale Beziehungen zu verhindern, stellt sich nicht – sicherlich auch, weil die Teilnehmer von Barans Netz allesamt Regierungseinrichtungen und Universitäten sein sollten und

sich die Kommunizierenden meist persönlich gekannt hätten.
Von entscheidender Bedeutung ist aber, dass die Verbindungen
innerhalb des Netzes für jede Übertragung temporär hergestellt
werden. Sie sind nicht notwendig, sondern akzidentiell. Das
bedeutet, dass die durch diese Verbindungen potentiell erzeugte
Sozialität auf einer anderen Ebene adressiert werden muss. Sie
kann nicht einfach mit bestehenden sozialen Relationen über-
blendet werden, sondern ruft die Entstehung neuer Arten von
Relationen hervor.

Baran sucht technische Lösungen für technische Probleme. Heute
sehen wir, dass weder das Problem noch die Lösung von sozialen
Fragen abgekoppelt werden können. Mit der Ausweitung der Vernetzung auf potentiell jeden Menschen auf dem Planeten wurde
das technische Netz mit sozialen Netzen überlagert, in denen Verbindungen schon vorhanden und unter Umständen notwendig
sind, um das Netzwerk aufrecht zu erhalten. Wenn technische
und soziale Netzwerke konvergieren, wenn also technische
Möglichkeiten der Verbindung bestehende soziale Verbindungen
überlagern und neue soziale Verbindungen durch technische
Verbindungen geschaffen werden, wie wir es heute um uns
herum beobachten, dann können soziale Beziehungen, anders
als zu Zeiten Barans, kaum noch ohne technische Netze der
Kommunikation gedacht werden. Was selbstredend bereits mit
Botensystemen, der Post oder dem Telefon der Fall war, gewinnt
durch die Zeitlichkeit, Räumlichkeit und globale Verfügbarkeit
des Internets eine neue Dimension, deren politische Herausforderungen in der letzten Dekade deutlich geworden sind.
Deshalb musste der erste Teil dieses Essays geschrieben werden,
um nun im zweiten Teil zu zeigen, dass die technische Neutralität
des Internets, aber auch die Notwendigkeit von Kontrolle über
Distributionen, zunächst auf einer Ausklammerung des Sozialen
beruhte, die heute unmöglich geworden ist. In diesem Sinne
bedeutet das Nachdenken über die technische Dimension neuer
Medien der Vernetzung, selbst auf den Pfaden des am unver-
netzten PC hängenden Friedrich Kittler, ein Nachdenken über

Relationen. Diese relationale Ebene der Sozialität beruht auf der Technizität von Mikroentscheidungen.

Forschungen des Kalten Kriegs

Es handelt sich bei besagtem Text um eine Kurzfassung von zwölf längeren Arbeiten, die der emigrierte Pole Baran im Auftrag der von der US Air Force finanzierten *RAND-Corporation* (*Research and Development*) zu Beginn der 1960er Jahre verfasst. Im Kontext dieses für den Kalten Krieg bedeutenden *think tanks* beschäftigt sich Baran damit, wie ein Kommunikationsnetzwerk einen Angriff – einen Atomangriff – überleben kann und welche Formen der Konnektivität für die Gestaltung des Netzwerks angesichts dieser bedrohendsten aller Bedrohungen sinnvoll sind, um handlungsfähig zu bleiben.[34] Dass dieses Netzwerk einmal die ganze Welt – Russland eingeschlossen – umspannen könnte, ist außerhalb des Denkbaren. Typisch für derartige Arbeiten werden Kriegsszenarien mit aktuellsten Wissens- und Technikbeständen durchgespielt. Das *RAND*-Paper nennt neben dem Militär auch *Artificial-Intelligence*-Forschung, die Organisationstheorie mit Schwerpunkt auf der Kommunikation in Organismen und Unternehmen, Mathematiker mit Interesse an Netzwerken, Graphen oder Programmierung sowie Ingenieure mit dem Spezialgebiet Telefonschaltung als Zielgruppen (Baran 1964c, 2). An diese Spezialisten richten sich die theoretischen Grundlagen des später von Donald Davies *packet switching* genannten Verfahrens.[35] Dabei handelt es sich um eine Übertragungsmethode für digital codierter Daten, die diese in einzelne Pakete unterteilt und sie von

---

34 Handlungsfähig bedeutet, das Kommando zum Gegenschlag geben zu können.

35 Davies entwickelt parallel zu Baran, aber ohne Kenntnis von dessen Arbeiten, am *British National Physical Laboratory* ein ähnliches Verfahren (vgl. Davies 2001). Barans Modell ist also keineswegs singulär, sondern ein in seiner Berücksichtigung von epistemologischen Fragen besonders deutliches Beispiel für eine zu dieser Zeit in verschiedenen Kontexten naheliegende Entwicklung.

einem Computer zum anderen transportiert, ohne dass es eine
direkte Verbindung zwischen ihnen gäbe. Durch ein Netz vieler
gleichberechtigter Knoten werden sie über je individuelle Wege
verschickt und am Ziel zusammengesetzt. An jedem Knoten muss
dabei über den weiteren Weg entschieden werden.

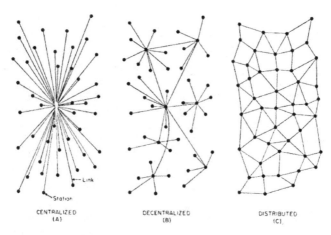

[Abb. 2] Netzwerkdiagramme (Quelle: Baran 1964d, 1)

Baran unterscheidet drei Netzwerktypen, die auf einer zur Ikone
des Internetzeitalters gewordenen Abbildung zu sehen sind [Abb.
2]: zentralisierte, dezentralisierte und distribuierte Netze. Als
Alternative zu zentralisierten und dezentralisierten, aufgrund
ihrer Konzentration auf bestimmte Knoten, an denen alle Kanäle
zusammenlaufen, besonders gefährdeten Netzen, schlägt Baran
eine Topologie distribuierter Netze vor. Als ihr wesentliches
Merkmal benennt er die Redundanz ihrer Verbindungen, die im
Verbund mit der digitalen Codierung von Daten noch potenziert
werde, weil die Pakete beliebig reproduzierbar sind. Ein zen-
tralisiertes Netz wäre durch einen einfachen Schlag auf den zentralen Knoten ausschaltbar, während ein distribuiertes Netz mit
möglichst vielen gleichberechtigten Knoten und ebenso vielen
oder mehr Verbindungen ohne Rangfolge kaum zu eliminieren

82   sei. Für die skalenfreien Netze von heute gilt daher im Umkehr-
schluss, dass sie durch die Ausschaltung von verbindungsreichen
Hubs empfindlich gestört werden können (vgl. Barabási und
Bonabeau 2003). Die Lösung der distribuierten Netze besteht in
der Ausdehnung und Multiplizierung der potentiellen Ziele eines
Angriffs auf die Kommunikationsinfrastruktur. Dieses Modell
eines Netzes führt dazu, dass Kommunikation auf technischer
Ebene gänzlich neu gedacht werden muss: als beständige Unter-
brechung, die an jedem Knoten vermittelt wird und am Ende den
Eindruck hervorruft, sie beruhe auf einer direkten Verbindung.

Im Folgenden möchte ich weder die Entstehung dieses Kom-
munikationsnetzes untersuchen, für dessen praktische
Gestaltung unter dem Titel *Arpanet (Advanced Research Projects
Agency Network)* und unter der Regie von Ivan Sutherland bei der
DARPA (Defense Advanced Research Projects Agency) Barans Ein-
fluss durchaus angezweifelt werden kann, noch die sozialen oder
politischen Bedingungen, die in den 1960er Jahren distribuierte
Kommunikationsnetze nahelegen. Barans Text ist, wie eine
Reihe von Studien herausgestellt haben, von zeitgenössischen
Ängsten und politischen Zwängen durchzogen, für die technische
Lösungen in angewandter Forschung gesucht werden.[36] Das
Konzept wird bewusst nicht patentiert oder geheim gehalten, um
der Sowjetunion die Möglichkeit zu geben, ebenfalls ein sicheres
Kommunikationsnetz aufbauen zu können, was für die USA
mehr Sicherheit bedeutet hätte. Wie so viele damalige Theorien
operiert auch diese unter der Ägide der drohenden Zerstörung
und ist damit unterschwellig von einem apokalyptischen Ton
geprägt: dem Versuch, den *worst case* einzuhegen. Um ein distribuiertes Netzwerk zu zerstören, muss der Feind schon in voller

36   Peter Galison hat die Entstehung dieses Netzwerkdenkens aus dem
operations research des *strategic bombing survey* des zweiten Welt-
kriegs hergeleitet und beschrieben, wie dieses Wissen mit der Wandlung
der Perspektive von Bombardierenden auf potentiell Bombardierte
zusammenhängt (Galison 2001). Christoph Engemann hat die technischen
Verfahren als Überlebensstrategien dargestellt (Engemann 2010; vgl. auch
Schröter 2004, 43 sowie Gießmann 2009)

Breite zuschlagen und *n* von *n* Knoten eliminieren. Wird nur ein
Knoten ausgeschaltet, gibt es weiterhin genügend Verbindungen
zwischen allen anderen Knoten. In dieser Konstellation lässt sich
durchaus eine Eskalationslogik vermuten, die von der Bedrohung
einer nuklearen Zerstörung schlicht allen Lebens angetrieben
wird [Abb. 3].

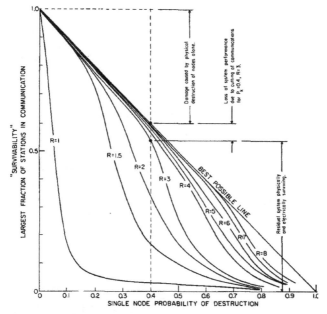

Fig. 4—Perfect switching in a distributed network: sensitivity to
node destruction, 100 per cent of links operative.

[Abb. 3] Zerstörung von Knoten (Quelle: Baran 1964d, 2)

Liest man diesen Text aus dem Kontext seiner Entstehung in
einem der bedeutendsten *think tanks* des Kalten Kriegs und als
Versuch, die Gefahr eines atomaren Erstschlags zu bannen, wird
nicht nur der Kontrast zu unserer Gegenwart und ihren Konflikten
deutlich, sondern ebenfalls, dass sich Rudimente der damaligen

Bedrohung und der Reaktion darauf heute fortschreiben, auch wenn die Bedrohungen andere geworden sind oder sich gar gänzlich aufgelöst haben. Der historische Ort von Barans Text ist davon geprägt, dass seit dieser Zeit die Verteilung von Kommunikation durch postalische oder vernetzte Verfahren nicht mehr reibungsfrei funktionieren kann. Zwar war Kommunikation in die Ferne nie ohne Kontrolle möglich – „Control has existed from the beginning" (Galloway 2004, 142) –, doch Barans Text steht für eine nach dem Zweiten Weltkrieg anbrechende, durch den Computer ausgelöste und von ihm ermöglichte Kontrolle der Distribution von Information. Ohne ihre Berücksichtigung ist unsere Gegenwart nicht mehr zu verstehen.

Knotenpunkte der Entscheidung

Mit dem Bedrohungsszenario des Kalten Kriegs, das in jeder Zeile von Barans Textes spürbar ist, ändert sich die Bestimmung dessen, was Kommunikation heißt: Es geht nicht mehr darum, eine Nachricht möglichst schnell von Ort A zu Ort B zu senden. Dies war lange Zeit vorrangiges Ziel vieler Kommunikationstechniken (vgl. Beniger 1986) und hat im Rahmen der Erforschung der Verzögerung der Übertragung die Entwicklung der Telegraphie und ihres physikalischen Wissens vorangetrieben. Der Idealtyp dieses Kommunikationsverständnisses sind Direktverbindungen zwischen Orten, was jedoch der technischen Architektur und den ökonomischen Vorteilen von Netzwerken schon seit der optischen Telegraphie widerspricht, wie sie in Frankreich Ende des 18. Jahrhunderts etabliert wurde. Sie verbindet Orte durch Vermittlung an Zwischenstationen, an Relais oder an Knoten (vgl. Siegert 1993). Das Netz, das von Claude Chappe im Auftrag Napoleons aufgebaut wird, läuft zwar auf Paris zu, deckt aber möglichst viele Sendestationen im Land ab. Typischerweise sind die historischen Netze der optischen und später der elektromagnetischen Telegraphie von einigen zentralen Knoten geprägt, an denen viele Linien zusammenlaufen und verteilt werden

– möglichst schnell, möglichst direkt, aber hilflos gegen gezielte
Angriffe, die das Netz mit einem Schlag außer Gefecht setzen.

Das Ziel einer sicheren Übertragung kann aus Barans Sicht anders
als das einer schnellen Kommunikation nur dann erreicht und ihr
Netzwerk somit als „a new common-user system" (Baran 1964d,
5) stabilisiert werden, wenn die Anzahl der Knoten eines Netzes
optimal auf die Anzahl der Verbindungen abgestimmt wird. Dazu
wird erstens ein digitales Codierungsverfahren verwendet, das
durch Redundanz gegen Angriffe geschützt ist und automatisiert
werden kann, sowie zweitens eine Kommunikationsinfrastruktur
entworfen, die über mehr Leitungen verfügt als für den normalen
Betrieb notwendig sind. Es geht in einem solchen Netz nicht
darum, jeden Knoten von jedem anderen Knoten aus in einer
Direktverbindung erreichen zu können, sondern um die Stabilität
temporärer Verbindungen. Vernetzung bedeutet Mitte des 20.
Jahrhunderts, nicht mehr jeden Empfangsort direkt mit jedem
anderen verbinden zu müssen. Nach Barans Berechnung reicht
eine Konnektivität von lediglich drei von jedem Knoten abge-
henden Verbindungen für ein in diesem Sinn stabiles Netz. Die
Folgerung lautet, nicht länger in Übertragungsgeschwindigkeit,
sondern in die Verteilung von Knoten zu investieren. Der Faktor
der Geschwindigkeit kann in diesem Zuge, wie Baran betont,
durch den Faktor geringerer Kosten für eine Nachricht ersetzt
werden.

Jede digitalisierte Botschaft wird nach Barans Konzept in standardisierte Blöcke von 1024 Bit unterteilt und ein Header mit
Information über Adresse und Absender sowie Identifikations-
nummern eingefügt. Charakteristisch für das Verfahren des
packet switchings nehmen diese Pakete jeweils unterschiedliche
Wege und werden erst am Ziel anhand der Information des Headers zusammengesetzt. Zwar sind diese Pakete auch für damalige
Verhältnisse relativ klein, doch ihre schiere Masse spielt eine
besondere Rolle. Die Methode des *packet switching* bestimmt, vereinfacht gesagt, an jedem Knoten anhand einer protokollierenden
Zeittafel mit den aktuellen Übertragungszeiten den besten Weg

der ankommenden Nachricht zu ihrem Zielpunkt neu; ein Vorgang, der heute vom genannten TCP/IP-Protokoll geregelt wird. Für jedes Paket wird autonom entschieden, welchen Weg es nehmen soll. Sollte ein Knoten ausfallen oder überlastet sein, stehen genug andere Wege bereit. Da an jedem Knoten der Weg neu berechnet wird, muss das Paket dort kurz gespeichert werden. Die Übertragung wird mithin ständig unterbrochen.

Anstatt möglichst viele direkte und vermeintlich schnelle, also ebenso vermeintlich unterbrechungslose Verbindungen herzustellen, wird die Unterbrechung einer Verbindung zum Moment ihrer Sicherung: An jedem Knoten kann ein Paket einen anderen Weg nehmen, der abhängig von der Auslastung des Netzes individuell bestimmt wird. Die Unterbrechung der Kommunikation wird zur Voraussetzung ihrer Stabilität durch Entscheidungen. Dafür ist an jedem Knoten eine Übersicht über die jeweiligen Übertragungszeiten und den Zustand des Netzes nötig.

Barans Entwurf impliziert, dass keine Information in den postalischen, telegraphischen, telefonischen oder digitalen Netzen direkt von A nach B versandt, sondern in kleinen Schritten zwischen Knoten verteilt und dort zwischengespeichert wird. Am Knoten wird Information über den Zustand des Netzes benötigt, um über die Route zu entscheiden. Zu diesem Zweck wird der Header ausgelesen, der neben Information über Ziel und Absender einen an jedem Knoten aktualisierten *handover number tag* mit dem Zustand der bisher vollzogenen Route und der Übertragungsdauer enthält. Dieser Wert hilft in der vielfachen Ausbreitung, die für ein derartiges Kommunikationsnetz mit tausenden von Paketen typisch ist, bei der Bestimmung des jeweiligen Zustands des Netzes.

> The handover number is a tag in each message block set to zero upon initial transmission of the message block into the network. Every time the message block is passed on, the handover number is incremented. The handover number tag

on each message block indicates the length of time in the
network or path length. (Baran 1964d, 7)

Dieses Verfahren dient einerseits dazu, das Kommunikationssystem gegen Angriffe abzusichern, aber auch, um seine Pro-
duktivität zu erhöhen. Anstatt Information über eine einzige
Leitung zu senden, die entweder über oder unter Last arbeitet,
können die Lasten mittels *switching* gleichmäßig verteilt werden,
indem sie entweder an den Knoten zwischengespeichert oder
über alternative Knoten gesendet werden. Auf dem Prinzip
dessen, was Peter Galison „constant vigilance against the re-
creation of new centers" (Galison 2001, 20) genannt hat, basieren
heute in technischen Abwandlungen nahezu alle dezentralen,
ihrer Architektur nach aber skalenfreien Kommunikations-
infrastrukturen und ihre Protokolle (vgl. Galloway 2004).

Der Akt der Unterbrechung dient der Bestimmung des weiteren Weges eines Pakets und ist von zeitkritischer Brisanz. Bei
einer telegraphischen Übertragung werden einzelne Signale
in zeitlicher Folge zwar nicht als *bitstream*, aber doch diskret
übertragen. Keine telegraphische Nachricht wird als Nachricht kommuniziert, sondern in geordneten Einzelteilen. Keine
Botschaft ist demnach irgendwo im Netz so vorhanden, wie
sie abgesandt wurde oder wie sie beim Empfänger erscheint,
nachdem sie wieder zusammengesetzt wurde. Fehlt ein Paket,
wird es nachbestellt.[37] Sind einzelne Kanäle belegt, wird der
nächstkürzere gewählt. Neu an Barans Entwurf ist die Kom-
bination aus Digitalisierung, Paketen und variablen Wegen, mithin
die Aufspaltung der Nachricht in fest umrissene Bausteine, die
redundant sind, jeweils eigene Pfade nehmen und in beliebiger

---

37 Später wurde die sogenannte *time-to-live* ergänzt: Da es keinen festgelegten Weg durch das Netz gibt, kann es vorkommen, dass Pakete sehr
lange zwischen Knoten umhergesandt werden. Um diesen Zeitverlust zu
vermeiden, wird die Anzahl der Vermittlungsschritte begrenzt. Erreicht ein
Paket den letzten Schritt, bevor es das Ziel erreicht hat, wird es gelöscht (vgl.
Galloway 2004, 44).

Reihenfolge ankommen können.[38] Die Grundlage dieses Verfahrens ist die als technische Lösung gedachte Einführung einer
konstanten Unterbrechung, die heute auf neue Weise ausgenutzt
wird.

Unmittelbarkeit der *flows*, Unterbrechung der *bursts*

On Distributed Communications Networks ruft unterschwellig eine
Instantanität der Übertragung und eine Idealität der Schaltung
auf, die gleichermaßen mit ihrer technischen Unmöglichkeit
Hand in Hand gehen. Vor dem Hintergrund dieser Überlegungen
tritt die Rolle der Mikroentscheidungen in Barans Modell hervor.
Es liefert das Handwerkszeug, Kommunikation als beständige
zeitliche Unterbrechung zum Zwecke der Entscheidung über die
Weiterleitung von Paketen zu beschreiben und situiert in dieser
Unterbrechung sogar die Stabilität des Netzwerks, greift dazu
aber auf Bilder zurück, die im Gegenteil eine Kontinuität der
Übertragung und eine Präsenz nahelegen, die Notwendigkeit der
Entscheidung also verdecken.

Meine Lektüre zielt auf die Artikulationen einer Spannung,
welche einem Nachdenken über Kommunikation oder Medien
häufig nahelegt, dass Kommunikation oder Medien die Trennung
tilgen, den Aufschub überwinden oder die Differenz negieren,
die sie voraussetzen (vgl. Peters 2000 sowie Chang 1996). Wenn
Kommunikation den Zweck hat, etwas Getrenntes zusammen-
zubringen, kann sie den Anschein erwecken, diese Trennung
aufzuheben, indem sie gelingt. Ein Medium der Kommunikation
kann, dies ist der Ausgangspunkt meiner Überlegungen, nicht
oder nur phantasmatisch unmittelbar oder immediat sein,
weil es sonst die Elemente der Relation, zwischen denen es auf

---

38   Das Rauschen analoger Signale, die etwa in der damaligen Telefonüber-
tragung verwendet wurden, steigt mit jedem Knoten, weshalb diese
Methoden für die geschilderten Zwecke unbrauchbar sind.

jeweils spezifische Weise vermittelt und zwischen denen der zusammenbringende Akt der Kommunikation stattfindet, in ein unvermitteltes Verhältnis brächte, das ihre Trennung und seine Vermittlung tilgen würde (vgl. Sprenger 2012).

> Es gibt ein Drittes vor dem Zweiten; es gibt einen Dritten vor dem anderen. [...] Ich muss durch eine Mitte hindurch, bevor ich ans Ende gelange. Es gibt stets ein Medium, eine Mitte, ein Vermittelndes. (Serres 1987, 97)

Medien sind zwar im Sinne Serres' die Bedingung dafür, dass zwei Elemente unmittelbar miteinander verbunden sein können, denn Unmittelbarkeit setzt eine Relation von zwei oder mehr Elementen voraus. Folgerichtig gibt es keine Unmittelbarkeit ohne Medien. Entsprechend lässt sich historisch immer wieder eine Betonung der Bedeutung von Medien ausmachen, die vom Traum einer medienlosen Unmittelbarkeit durchzogen ist.

Besondere Brisanz gewinnt diese in verschiedenen Ausprägungen und historischen Etappen beobachtbare Spannung dadurch, dass Barans Einsatz in einem noch im kleinsten Schritt der Übertragung vermittelten Netzwerk besteht, in dem über jeden Vorgang der Verteilung eine Entscheidung gefällt werden muss. Im letzten Teil seiner Abhandlungen fasst Baran das Ziel seines Projekts dahingehend zusammen:

> An ideal electrical communications system can be defined as one that permits any person or machine to reliably and instantaneously communicate with any combination of other people or machines, anywhere, anytime, and at zero cost. (Baran 1964b, 1)

Baran sagt deutlich, dass dieses illusionäre Ziel unmöglich zu erreichen sei. Ein wirkliches Kommunikationssystem sei immer ein Kompromiss, niemals instantan und könne nicht alle Kommunikationspartner gleichzeitig verbinden. Wie ich zeigen möchte, schließt Baran diese Instantanität aus und integriert sie gleichermaßen. Brisant ist daran, dass die dem Modell eingeschriebene Politik diffus zu werden droht, obwohl sie streng definierten Regeln gehorcht.[39]

Dieses Ideal eines elektrischen oder elektronischen Kommunikationsnetzes besteht in einem gleichmäßigen, unterbrechungslosen Strom der Übertragung. Dass ständig Entscheidungen gefällt werden, durch die später Macht ausgeübt werden wird, soll nicht auffallen, um den Zugriff auf das Netz stabil erscheinen zu lassen. Was in der Rede vom ‚information superhighway' in den 1990er Jahren nachwirkt oder heute als ‚real-time' der Übertragung oder als ‚Echtzeit' der Verbindung beschworen wird, findet sich auch in den theoretischen Grundlagen der Gestaltung von digitalen Netzwerken, wie sie Baran formuliert. Er beschreibt diese durch ein Netz hindurchgehende, nie direkte Übertragung technisch als „bursts of information" (Abbate 2000: 19), als unregelmäßige Ansammlungen von Datenpaketen, die von Phasen des Leerlaufs und des Aufschubs geprägt sind, ruft im gleichen Schritt aber das Bild eines geregelten, überall anwesenden, unterbrechungsfreien und kontinuierlichen *flows* auf.[40]

Barans Texte spielen mit beiden Metaphern und handeln sich damit die besagte Spannung ein. Denn was fließt, kann nicht sprudeln, weil damit die Gleichmäßigkeit des Flusses unterbrochen würde.[41] Im Strom kann die Kontinuität des Fließens eine Unmittelbarkeit implizieren, weil erstens jedes fließende

39 Matthew G. Kirschenbaum hat eine ideologische Prägung der Medientheorie identifiziert, die digitale Medien als dematerialisiert und flüchtig beschrieben hat, während seine Analyse der materiellen Infrastrukturen ihrer Gegenstände das Gegenteil offenlegt (Kirschenbaum 2008).

40 Ich übernehme diese Verwendung der Begriffe von Jussi Parikka, der sie in seinem Vortrag *A Public Philosophy for Data Capture Systems* auf der Tagung *Network Archaeology* an der Miami University/Ohio, 19.-21.4.2012 medientheoretisch fruchtbar gemacht hat. Die Metaphysik des *flows* hat auch Thomas Sutherland näher verfolgt (vgl. Sutherland 2012).

41 Die Metapherngeschichte des Flusses hat Hans Blumenberg in einigen aus dem Nachlass herausgegebenen Manuskripten ausführlich dargestellt (Blumenberg 2012).

Element gleichmäßig auf ein anderes folgt und zweitens aufgrund
dieser Verkettung eine Bewegung am einen Ende des Flusses
eine Bewegung am anderen Ende hervorruft. Der Eindruck des
flows oder des „bit-stream" (Baran 1964a, 2) wird noch verstärkt,
weil er nicht im Netz fließt, sondern von A nach B geschieht und
alles Geschickte den gleichen Weg nimmt.[42] Die Netzstruktur
gegenwärtiger Kommunikationskanäle und ihrer Informations-
flüsse wird meist so verstanden, dass sie eine direkte Verbindung
zwischen User und Angebot oder zwei Kommunikationspart-
nern bereitstellt, obwohl es in digitalen Netzen keine direkten
Verbindungen geben kann. Die Metapher des *flow* verdeckt, dass
technisch das Gegenteil eines *flows* geschieht. Im Netz gibt es
keinen Fluss. Dass die Metapher eher nahelegt, es gebe ein Netz
in einem Fluss, spricht dafür, dass hier – und in der gesamten
daran anschließenden Metaphorik des Internets – die Frage der
Übertragung und ihrer technischen Details nicht an die Oberfläche der Reflexion getreten ist. Die Ökonomie der Übertragung,
in der etwas an zwei Orten zugleich sein kann, bietet sich an
und wird produktiv, um Kommunikationen zu beschreiben, die
unterbrechungslos und reibungsfrei sein sollen. In der Reibungs-
freiheit besteht eines der Ziele Barans. Die technischen Mittel,
mit denen er es erreicht, sind jedoch das Gegenteil von dem, was
die Metapher des Flusses nachlegt.

Werner von Siemens hat ein vergleichbares Bild 1866 im Kontext elektrischer Übertragungen durch Kabel und bei der
Beschäftigung mit dem Problem ihrer Verzögerung eindrücklich
verwendet:

> Man kann sich diesen Vorgang ungefähr so vorstellen, als
> wenn man durch ein langes dünnes Rohr mit elastischen
> Wänden Luft pumpen wollte. In der Nähe der Pumpe

---

42 Für diesen Aspekt bietet sich eine ähnliche Lektüre eines anderen Grund-
lagentextes der 1960er Jahre zu Kommunikationsnetzen an, Leonard
Kleinrocks *Communication Nets* von 1964, in dem *flows* statt *bursts* modelliert
und zwischen stetigem und unstetigem *flow* unterschieden wird (vgl.
Kleinrock 1964).

würde sich das Rohr bei jedem Pumpenstoße durch den elastischen Druck der hineingetriebenen Luft erweitern. Diese Erweiterung würde in abnehmendem Maaße bis zum anderen offenen Ende des Rohres fortgehen und der Austritt der Luft aus demselben würde erst in voller Stärke beginnen, wenn das Rohr eine kegelförmige Form angenommen hätte. Nach Vollendung des Pumpenstoßes würde das Rohr sich wieder auf seinen normalen Durchmesser zusammenziehen und die überflüssige Luft aus dem entfernten Rohrende hinausgehen. Würde ein zweiter Kolbenstoß beginnen, bevor diese Ausströmung vorüber ist, so würde die Luft nicht stoßweise aus dem entfernten Ende hervortreten, sondern der Strom würde gar nicht mehr aufhören, und stets Luft ausfließen, wenn auch in wechselnder Geschwindigkeit. (Siemens 1866, 37f.)

Während Siemens in den letzten Zeilen einen Übergang von regelmäßigen *bursts* zum *flow* im Sinne von Schwingungen und Frequenzen nahelegt, die Zeit brauchen, um zu beginnen, beschreibt Baran diesen Wechsel auf einer anderen Ebene auch als erkenntnistheoretisches Hindernis, wie ich noch näher ausführen werde. Die ‚bursts of information', die in einem distribuierten Netzwerk an beliebigen Knoten ankommen, sind voneinander getrennt. Mit ihnen ist eine absolute oder auch nur konstante Geschwindigkeit nicht denkbar, wie sie der *flow* mit seiner Instantanität impliziert.

Auf all dies hinzuweisen soll nicht darauf hinauslaufen, eine ‚verdrängte Ebene' ausfindig zu machen, Fehler in Barans Arbeit zu kritisieren oder zu konstatieren, dass der Traum eines sicheren Kommunikationsnetzes ein Traum bleiben wird. Gerade dass beide Metaphern nebeneinander existieren können, ist bedeutsam für die Argumentation dieses Kapitels. Unterzieht man Barans Text einer für solche widersprüchlichen Kohärenzen aufmerksamen Lektüre, kommen eine ganze Reihe unausgesprochener Voraussetzungen zum Vorschein, die in der Frage nach der Instantanität der Übertragung kulminieren. Die

Beobachtung, dass Barans Entwurf, wenn auch als Theorie vor aller Anwendung, einen historischen Umbruchspunkt eines technischen Kommunikationsverständnisses darstellt, gewinnt noch an Brisanz, wenn man ihn vor dem Hintergrund der Frage nach einer Unmittelbarkeit der Übertragung und ihrer Gleichzeitigkeit liest. Sie hat seit den ersten Experimenten der Elektrizitätsforschung und der Telegraphie die Versuche der kommunikativen Überwindung langer Distanzen beeinflusst und lebt heute in soziologischen Netzwerktheorien fort, die mit den Folgen derartiger technischer Netze beschäftigt sind. Bevor Barans Argumentation näher erläutert und kontextualisiert wird, seien also einige genealogische Bemerkungen eingestreut.

Elektrizität und Instantanität

An einem warmen Sommertag des Jahres 1729 hängt der Färber und Physiker Stephen Gray einen Kupferdraht durch einen Garten im Süden Englands. Als das eine Ende mit einem geriebenen Glaszylinder berührt wird, beginnen im gleichen Moment am anderen Ende kleine Blattgoldstückchen wie Schmetterlinge zu tanzen und sich auf den Draht zu setzen [Abb. 4]. So kann Gray von der einen Seite des Gartens bis zur anderen, gänzlich ohne Sichtkontakt und nur durch den Schall der Stimme seinem Freund Granvile Wheler am anderen Ende des Drahts bezeugt, eine „electrick vertue" hervorrufen: Anziehung, elektrische Kraft. Gray nennt die Drähte „Lines of Communication" (Gray 1731, 27, vgl. ausführlicher Sprenger 2012).

Damit Elektrizität kommunizieren kann, sind zwingend drei Dinge nötig: zwei Kommunizierende auf jeder Seite und ein Dazwischen. Sender und Empfänger müssen voneinander getrennt sein, sonst gäbe es keinen Kanal und keine Verbindung. Kommunikation setzt eine Differenz voraus, einen Abgrund. Die Verbindung braucht die Trennung. Aber die Elektrizität überspringt sie nicht nur, sondern scheint sie aufzuheben. Sie überträgt, indem sie die Differenz der Zeit unwahrnehmbar macht und den Raum

vertreibt, sie beide nicht mehr messbar sein lässt und doch ein
Stück Draht in sie hineinlegt.

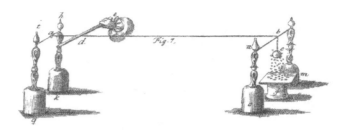

[Abb. 4] Kommunikation durch Drähte (Quelle: Doppelmayr 1744, Tafel 1)

Ob die Elektrizität eine Geschwindigkeit hat, kann Gray nicht
sagen. Sie benötigt, so scheint es, keine Vermittlung und
keinen Code, sondern ist einfach da, instantan, ohne „per-
ceivable difference" (Gray 1731, 28) – gleichzeitig auf beiden
Seiten des Kanals. Was an Grays und Whelers Enden des Kabels
geschieht, scheint zugleich zu geschehen. Ein ganzer Garten kann
dazwischen liegen und bald die ganze Welt, ausgemessen von
Kupferdraht, aber keine Minute, keine Sekunde, kein Moment,
kein Augenzwinkern und kein Aufschub. In der Elektrizitätsforschung wird diese *actio in distans*, die in der Langsamkeit
der Sinne sowie der Ungenauigkeit der Messinstrumente eine
Ursache hat, überaus wirksam und wandert mit der Telegraphie
in breitere Diskurse aus, wo sie zum Moment einer „electric unio"
(van Rensselaer 1858, 5). wird, obwohl von Beginn an physikalisch und technisch klar ist, dass jede Übertragung Zeit braucht
und es keine Instantanität geben kann. Mit der Erforschung
elektrischer Leitfähigkeit durch Drähte seit 1730, mit der Etablierung der elektromagnetischen Telegraphie seit 1830 und mit
der anschließenden Durchsetzung eines globalen elektromagnetischen Kommunikationsnetzes wird Elektrizität als instantan,
ihre Kommunikation als zeitlos und ihre Wirkung als simultan
gedacht.

Die Phantasmatik dieser Unmittelbarkeit hängt an der Direktheit
ihrer Verbindungen, die zwei Orte, zwei Geräte oder zwei
Menschen aneinander schließen, dafür aber keine Zeit brauchen
und entsprechend den Raum aufheben sollen. Dies ist für
die Physik dieser Zeit und bis in die Gegenwart unmöglich,
wird aber im Sinne der ‚Kohärenz im Widerspruch' auch und
gerade dort behauptet, wo diese Unmöglichkeit offensichtlich ist. Selbst der britische Physiker Charles Wheatstone, der
erste erfolgreiche Versuche zur Messung der Geschwindigkeit
der Elektrizität unternimmt, spricht ihr eine Instantanität zu,
die diese Geschwindigkeit negiert, da eine instantane Übertragung an beiden Orten zugleich ist: zeitlos, raumlos, medienlos:
unmittelbar (vgl. Wheatstone 1834). Daran hängt mehr als nur
die Vorstellung einer unmöglichen Instantanität. Diese Frage
greift tief in die Grundfesten der Physik und betrifft in ihren
philosophischen Randgebieten Kausalität, Fernwirkung, den
Äther und schließlich den Zusammenhalt des Universums (vgl.
Hesse 1961). Sie werden seit der Antike diskutiert, und auch
wenn sie bei Baran nicht aufscheinen, bleibt die Tiefe der Probleme bestehen. Die Fragen der zeitkritischen Synchronisation
entfernter Ereignisse, die bei Baran eine zentrale Rolle spielen,
gehen in ihren technisch-physikalischen Aspekten nicht gänzlich
auf. Die Spannung zwischen den Metaphern der *bursts* und der
flows kommt aus dieser Geschichte, die trotz aller Veränderungen
die frühe Erforschung der Elektrizität mit dem *packet switching*
verbindet.

Wie sehr Netzwerktheorien von derartigen Phantasmen geprägt
sein können, zeigt auch ihre soziologische Ausprägung etwa bei
Manuel Castells, wenn dieser nach einer extensiven Analyse der
gesellschaftlichen Synchronisationspraktiken sozialer Zeiten und
flows angesichts von Vernetzung und globaler Interdependenz
von der „annihilation of space and time by electronic means"
(Castells 1998, 379) spricht. Castells beschreibt die Echtzeit-Inter-
aktion, die Räume und soziale Verbindungen stiftet, wenn Orte
mittels Medien die gleiche Zeit teilen und Akteure im gleichen

Raum agieren können, obwohl Distanzen zwischen ihnen liegen.
Die daraus resultierende Behauptung lautet, die Netzwerkgesell-
schaft sei „without reference to either past or future" (1998, 386).
Castells widerspricht damit auf den letzten Seiten seines Werkes
all dem, was er zuvor in mühevoller Kleinarbeit beschrieben hat
und hebt die Kontingenzen der Globalisierung ebenso auf wie
er – an dieser Stelle – die Auswirkungen der Konvergenz von Technologien und sozialen Praktiken überspringt. Dabei stehen diese
Aussagen in einer genealogischen Kontinuität mit den populären
Diskursen, die durchaus im Takt des technischen Wissens Mitte
des 19. Jahrhunderts die Telegraphie als instantanes Medium
eines „Weltorganismus" (Kapp 1877, 100) etabliert haben, das
schließlich in Marshall McLuhans „electric nowness" (McLuhan
und Nevitt 1973, 2) aufgehoben wird. Gemeinsame Währung
sind Metaphern des *flows*, Bilder der Unterbrechungslosig-
keit und instantane Unmittelbarkeit. Sie verhindern, so viel sei
bereits angedeutet, den Ort und die Zeit der Unterbrechung als
Notwendigkeit von Entscheidungen zu erkennen.

Perfect Switching

Zweck dieses Verfahrens ist der Lastenausgleich und sein
Resultat ist eine De-Instantanisierung. Wenn nicht länger
Geschwindigkeit das oberste Ziel ist, verliert eine zeitlose Übertragung an Reiz und wird als technische Lösung nicht mehr
prämiert. Dass Instantanität dennoch als diskursiver Effekt
auftaucht, liegt an der benannten Ökonomie, die zunächst einen
Blick auf das von Baran angekündigte *perfect switching* nahelegt,
das mit der Information des Netzes über seinen eigenen Zustand
und der Geschwindigkeit der Übertragung dieser Information
zusammenhängt.[43] Am *perfect switching* lässt sich zeigen, wie

---

43   In diesem Sinne ist das distribuierte Netz dem Walfisch vergleichbar, den
      Hermann von Helmholtz heranzieht, um die Synchronisationsprobleme
      zu beschreiben, welche die langsame Geschwindigkeit der Nervenleitung
      für dessen Gehirn mit sich bringt: „Glücklicher Weise sind die Strecken
      kurz, welche unsere Sinneswahrnehmungen zu durchlaufen haben, ehe

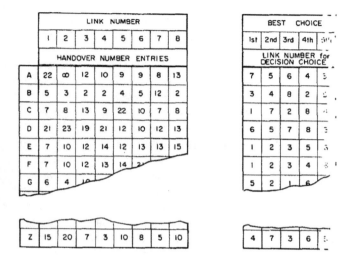

		LINK	NUMBER				
1	2	3	4	5	6	7	8
HANDOVER	NUMBER	ENTRIES					
A	22	∞	12	10	9	9	8	13
B	5	3	2	2	4	5	12	2
C	7	8	13	9	22	10	7	8
D	21	23	19	21	12	10	12	13
E	7	10	12	14	12	13	13	15
F	7	10	12	13	14	2		
G	6	4	10					

		BEST	CHOICE		
	1st	2nd	3rd	4th	5th
	LINK NUMBER for DECISION CHOICE				
	7	5	6	4	3
	3	4	8	2	2
	1	7	2	8	4
	6	5	7	8	3
	1	2	3	5	5
	1	2	3	4	8
	5	2	1	6	

Z	15	20	7	3	10	8	5	10

4	7	3	6	

[Abb. 5] Handover Number Table (Quelle: Baran 1964d, 7)

Baran beschreibt die Vorzüge seines Verfahrens anhand einer
Analogie zu einem Postangestellten im Mittleren Westen. In
einem *store-and-forward system*, das auch *message switching*
genannt wird und in dem ganze Botschaften an jeder
Station neu gesendet werden, empfängt der Postangestellte
„simultaneously" (Baran 1964d, 7) Nachrichten aus San Francisco,
die zu unterschiedlichen Zeiten abgeschickt wurden. Indem
er ihre Laufzeit mittels der Poststempel vergleicht, kann er
den besten Weg für eine Rückantwort bestimmen, wenn die

sie zum Gehirn kommen, sonst würden wir mit unserem Selbstbewußtsein
weit hinter der Gegenwart und selbst hinter den Schallwahrnehmungen
herhinken [...]. Für einen ordentlichen Wallfisch ist es vielleicht schlimmer;
denn aller Wahrscheinlichkeit nach erfährt er vielleicht erst nach einer
Secunde die Verletzung seines Schwanzes, und braucht eine zweite Secunde,
um dem Schwanz zu befehlen, er solle sich wehren." (Helmholtz 2003, 189)

Kommunikationskanäle bidirektional sind. „Each letter carries an implicit indication of its length of transmission path." (Baran 1964d, 7)

Entscheidend ist hierbei, dass der Postbeamte die Information über den besten Weg allein dem gestempelten Absendedatum entnommen werden kann, das analog zur *cancellation time* des *handover number tag* der Nachricht beiliegt. Die Nachricht trägt die Information ihrer Übertragung bei sich – in ihrem Stempel oder ihrem Header. Die Werte dieses *tags* geben die bis zu diesem Zeitpunkt nötige Dauer des zurückgelegten Weges an und informieren in ihrer schieren Masse über den aktuellen Stand des Netzes sowie seine Arbeitslast [Abb. 5]. Sie werden auf einer Übersichtstafel gesammelt und stehen an jedem Knoten zur Verfügung. So kann für jedes Paket der zu diesem Zeitpunkt beste Weg zur Weiterleitung bestimmt werden – der Weg in eine Zukunft, die aus Werten der Vergangenheit extrapoliert wird. Zu Anfang werden alle Einträge der Tafel auf einen hohen Wert gesetzt, der dann je nach Verlauf verändert wird. Das System lernt, kann sich selbsttätig anpassen und aktualisiert seinen eigenen Status beständig, ohne dass es ein Zentrum gäbe, an dem diese Information gesammelt würde. Weil das distribuierte Netz über kein solches Zentrum verfügt, hat jeder Knoten sein eigenes Bild vom Netz, sprich seine eigene Tafel. Aber was ist die Zeit dieses Bildes?

Switching ist der an jedem Knotenpunkt – also auch in einem zentralisierten Netz – vollzogene Prozess des Umschaltens einer Nachricht von einem Kanal auf den anderen, der sie anhand der Information auf der Tafel zum Ziel oder wenigstens näher dorthin bringen soll. Das traditionelle *switching*, so Baran, schöpft die Möglichkeiten der Redundanz nicht aus, weil es nur jeweils einen Weg vorgibt, anstatt aus einer Vielzahl zu wählen. Von einem zentralen Knoten aus gibt es nur wenige Möglichkeiten, ein Ziel zu erreichen. In einem Netz nach Barans Modell besteht die konkrete Folge dieses Verfahrens im erhöhten Rechen- und Speicheraufwand an den Knoten, doch angesichts von verbesserten

Kleincomputern hält sich der Aufwand in Grenzen. 1969 wird
ein vergleichbares Netz mit sieben Knoten im Westen der USA
errichtet: das *Arpanet*, aus dem das Internet entstehen wird.[44]

Perfect switching, das Baran in Aussicht stellt, bezeichnet
diejenigen Verfahren des Routings „able to find ‚best' surviving
paths in a heavily damaged network" (Baran 1964c, 1). Es ist eng
mit der Annahme einer Instantanität der Übertragung und ihrer
Echtzeit verbunden: „[...] the shortest instantaneously available
path through the network should be found with the expectation
that the status of the network will be rapidly changing." (Baran
1964d, 6) *Perfect switching* meint gerade nicht die direkte Verbindung, sondern die Möglichkeit vieler Routen, aus denen die
zu einem bestimmten Zeitpunkt im Verhältnis zur Belastung
der umliegenden Knoten optimale ausgewählt wird. „Perfect switching provides an upper bound of expected system
performance for a gridded network; the diversity of assignment
case provides a lower bound." (Baran 1964d, 4) Doch für *perfect switching* muss am jeweiligen Knoten Information über den
Zustand des Netzes vorhanden sein.

Nötig sind demnach Synchronisationsprozesse, die diese
Information an allen Knoten spezifisch für deren individuelle
Vernetzung verfügbar machen. Indem Baran die Pakete mit
der Information über ihre Übertragungszeiten koppelt und
dies zur Aktualisierung nutzt, steht er jedoch vor den grund-
legenden physikalischen Problemen der Relativität und der
Synchronisation: Die Übertragung der Information, aus der die
Gegenwart der Gleichzeitigkeit der Knotenzustände ermittelt
werden soll, braucht selbst Zeit (vgl. Galison 2003). Wie Sebastian
Gießmann dargestellt hat, ist das „disparate Zeitregime" (Gießmann 2009, 245) dieser Übertragung insofern zeitkritisch, als
sich neben der zeitökonomischen Optimierung der Verteilung

---

44 Sebastian Gießmann hat in seiner Studie *Die Verbundenheit der Dinge* die Ent-
    stehung des *Arpanet* aus diesen Netzwerkideen heraus verfolgt (Gießmann
    2014, 355f.).

während der Übertragung der Zustand des Netzes und die Belastung der Knoten ändern. Jedes Paket trägt einen Teil dieser Information und in ihrer Masse geben sie dem Knoten die notwendigen Werte für eine verwendbare Tafel. Doch weil die Information über die Übertragungsdauern in dem Moment veraltet ist, in dem sie am Knoten ankommt, da die Übertragung des Werts der Übertragungsdauer Zeit braucht, kann sie immer nur ein Bild der Vergangenheit liefern. In der Zeit, die es dauert, bis ein Paket von einem zum anderen, zum Zeitpunkt der Sendung optimalen, weil unterhalb der Auslastung arbeitenden Knoten gelangt, kann dieser Knoten bereits wieder belegt sein. *Perfect switching* jedoch bedarf in all seiner Perfektion einer exakten Information über den Ist-Zustand und damit einer Echtzeit, die zugleich technisch ausgeschlossen wird. Diese relativistische Verschiebung, die jede Echtzeit unterminiert, kann technisch oder physikalisch nicht gelöst werden, weil kein Signal instantan und eine unmittelbare Fernwirkung unmöglich ist. Echtzeit kann nur bedeuten, dass die Signale in der Geschwindigkeit ankommen, in der sie schnellstmöglich verarbeitet werden. Echtzeit liegt immer zwischen zwei Zeitpunkten und ist damit nicht instantan. An diesem Punkt kommt die Spannung ins Spiel, die Kommunikation in ihrer elektrischen oder elektronischen Implementierung in sich trägt.

Das Netz verfügt weder über Wissen noch über Kontrolle über seinen Ist-Zustand, sondern nur über jeweilige Vergangenheiten, aus denen eine optimale Verteilung der Pakete für die Zukunft extrapoliert wird: in einem Prozess der Synchronisation, der zeitkritisch verschiedene Temporalitäten auf einen Nenner bringt, ohne jemals Echtzeit oder Gleichzeitigkeit erreichen zu können. Synchronisation ist die Abstimmung mehrerer Zeitebenen und der Versuch, unterschiedliche technische Ordnungen in Einklang zu bringen, um mit Differenzen zu operieren.[45] Ihr Ziel kann

---

45   Bedeutend ist daher eine Fußnote, die sich mit der Wichtigkeit der ‚velocity of propagation over long links' beschäftigt: „3000 miles at ≈ 150,000 miles/ sec ≈ 50msec transmission time, T. 1024-bit message at 1,500,000 bits/

nicht in der Übereinstimmung liegen, sondern in Grenzwerten, zwischen denen das gewünschte Ereignis stattfinden kann – in diesem Fall die gelingende Übertragung. Zwei Vorgänge oder Ereignisse sind dann synchron, wenn sie ein für den Ablauf eines technischen Prozesses nötiges Zeitintervall nicht überschreiten. Jede Synchronisation hat einen Rest der zeitgebundenen Übertragung, der nicht gleichzeitig sein kann, sondern allenfalls so rechtzeitig, dass der Aufschub durchs Raster der Verarbeitung oder Messung fällt.[46] Für das technische Gelingen des *switching* muss die Information nur rechtzeitig genug sein, um andernfalls eine alternative Route zu wählen. Synchronisation ist als ein solcher Vorgang die Produktion nicht von Echtzeit, sondern von *Rechtzeitigkeit*, weil sie von Grenzwerten abhängt (vgl. zur ‚Rechtzeitigkeit' Rohrhuber 2009 sowie Pias 2009). Diese Rechtzeitigkeit, mit der *imperfect switching* problemlos operieren kann, ist das Einhalten von Grenzwerten, aber keine metaphysische Genauigkeit eines Jetzt der Gleichzeitigkeit. Baran bezeichnet sein Verfahren auch als ‚hot-potato-routing', weil die Pakete wie heiße Kartoffeln an jedem Knoten so schnell wie möglich weitergegeben werden, damit es nicht zu Stauungen oder verbrannten Händen kommt: „Each message is regarded as a ‚hot potato' and rather than hold the hot potato, the node tosses the message to its neighbour who will now try to get rid of the message." (Baran 1964d, 7) Synchronisation operiert, um diese Metaphorik aufzugreifen, mit der Zeit zwischen dem Fangen der heißen Kartoffel und dem Einsetzen der Schmerzen.

---

sec ≈ 2/3 msec message time, M. Therefore, T >> M." (Baran 1964d, 6) Das gesamte Modell wird in diesen Formeln als Synchronisationsvorgang bestimmt, weil Kommunikation nur gelingen kann, wenn Übertragungs- und Verarbeitungszeit aufeinander abgestimmt werden. Die Standardisierung durch schnell verarbeitbare Informationsblöcke ist als Antwort auf dieses Synchronisationsproblem zu verstehen.

46   TCP/IP etwa integriert vorab einen Aufschub als Delay bzw. eine im Voraus einkalkulierte Toleranz für Abweichungen in der Laufzeit. Die Differenz ist somit dem Protokoll inhärent.

Wenn der perfekte Pfad instantan verfügbar ist, muss die Information des jeweiligen Knotens auf dem aktuellsten Stand sein, was sie nie sein kann. Die Tafel müsste gleichzeitig den Zustand aller Knoten angeben, um *perfect switching* zu gewährleisten, was wiederum bedeutet, dass die Information überall zugleich wäre. Ein *flow* der Information oder ein ununterbrochener *stream* wäre nötig, wo nur *bursts* ankommen. *Perfect switching* impliziert eine Instantanität des Schaltens, die eine Instantanität der Übertragung der notwendigen Information zum Schalten voraussetzt. Das Netz wäre sich in diesem Fall selbst gegenwärtig. Diese Kaskade endet in einer Selbstpräsenz, wie sie dem Medium der Stimme eigen ist, die für den Sprechenden kein Medium mehr ist, weil sie nicht zu ihm übertragen werden muss: „Everything had to be estimated instantaneously, if voice was to be transmitted, as voice is intolerant to delay." (Baran 2002, 5) Für Unterbrechung ist in der Selbstpräsenz der Stimme kein Platz (vgl. Derrida 1979). Doch die Unterbrechung ist da. Das Netz, das durch Unterbrechung stabilisiert wird, scheint zusammenzubrechen.

Trennung der Verbindung

Dass es so nicht kommt und distribuierte Netze trotz allem Aufschub funktionieren, operieren und agieren, erfahren wir jeden Tag, wenn wir online sind. Brisant werden Unmittelbarkeit und Unterbrechung also nicht auf der Ebene der alltäglichen Erfahrung. Auch Baran macht darauf aufmerksam, dass die von ihm entworfene Form der Übertragung direkt, geradezu elektrisch-instantan erscheinen kann, obwohl sie über Zwischenschritte verläuft:

> The network user who has called up a ‚virtual connection'
> to an end station and has transmitted messages across
> the United States in a fraction of a second might also view
> the system as a black box providing an apparent circuit
> connection across the country. (Baran 1964d, 6)

Eine *circuit connection* geschieht, wie Baran schreibt, in ‚Echt-zeit', weil es keine Knoten gibt, sondern die Verbindung direkt A und B aneinander koppelt. Als ‚Echtzeit' kann die Übertragung wirken, weil die Elektrizität vermeintlich instantan ist und kein Knoten die Verbindung bricht. Dem User, der Daten empfängt, einer Stimme am Telefon lauscht oder ihr sogar antwortet, mag die Übertragung durch *packet switching* als „quasi-real-time" (Baran 1964d, 6) vorkommen, als wäre sie wie im *circuit switching* telegraphischer Direktverbindungen hergestellt worden. Auf den User kann es so wirken, als würde er ohne Pause, Aufschub oder Trennung und in einer geradezu platonistischen Anwesenheit des Sprechens oder dem Surfen auf Webseiten interagieren. Zwar befindet sich der Kommunikationspartner an einem entfernten Ort, doch die gleichzeitige Verbindung, die das Netz bereit-zustellen scheint, hilft über diese Distanz hinweg.

Barans erkenntnistheoretische Reflexion dieser Verbundenheit bedenkt den prekären Status von Medien, denen aus medien-theoretischer Perspektive die Eigenschaft zugesprochen wird, „lesbar, hörbar, sichtbar, wahrnehmbar [zu machen], all das aber mit der Tendenz, sich selbst und ihre konstitutive Beteiligung an diesen Sinnlichkeiten zu löschen und also gleichsam unwahr-nehmbar, anästhetisch zu werden" (Engell und Vogl 1999, 10). In einer späteren Betrachtung resümiert Baran in aller ingenieurs-technischen Offenheit eine Täuschung des Users durch Unsicht-barkeit des Mediums:

> This choice meant that there would be no physical real-time connection between the transmitting and receiving end. But, I felt that would be OK if the transmission data rate was high enough, the user would be fooled by the illusion that a real-time connection existed. (Baran 2002, 4)

Barans Idee betrifft den gleichen Gedanken, nach dem laut Mar-shall McLuhan Medien für ihre Nutzer unsichtbar sind: „Indeed, it is only too typical that the ‚content' of any medium blinds us to the character of the medium." (McLuhan 1964, 9) Diese These, die sich innerhalb der Medienwissenschaft als Verschwinden des Mediums im Vollzug oder in der Dysfunktionalität etabliert hat (vgl. Mersch 2004 sowie Jäger 2004) und als ‚aisthetische Neutralität' (Krämer 2003, 81) bezeichnet wurde, wird von Baran im Rahmen eines technisch gedachten Modells geäußert und ist deshalb besonders aufschlussreich. Denn die Täuschung des Users ist die Kehrseite des Vermittlungswissens des Ingenieurs. Die Täuschung ist der *flow*, die Vermittlung ist der *burst* – und beide sind auf der imaginären Ebene des Textes verschränkt.

Pragmatisch und lebensweltlich mag diese Illusion folgenlos sein. Dem User, der über das Netz kommuniziert, soll nicht bewusst werden, dass über jedes Paket seiner Kommunikation eine Reihe von Entscheidungen getroffen werden, die er nicht einsehen kann. Für eine phänomenologische Perspektive, für unsere sozialen Interaktionen und für eine Kommunikationstheorie, die nur auf das Gelingen der Kommunikation achtet, spielt dies keine Rolle.

> Dagegen ist der Andere, den ich anrufen kann, auf eine hervorgehobene, unmittelbar relevante Weise ‚gegenwärtig'. Er ist ‚gleichzeitig' mit mir, aber eben nicht in dem Sinne, dass er zum gleichen Zeitpunkt wie ich dieses oder jenes tut, sondern insofern, als sein Verhalten jederzeit auch auf mich hin als bedeutsam verstanden werden kann – und umgekehrt gilt dies auch. (Konitzer 2005, 196)

Auch wenn Störungen und Unterbrechungen unser Verständnis am Telefon oder den Seitenaufbau im Browser behindern mögen, können wir uns in einer überzeugenden Weise aufeinander beziehen. Für gelingende Kommunikation reicht das Wissen, dass der andere quasi-anwesend ist.

Was lebensweltlich in dieser Hinsicht keine Rolle spielt, ist politisch und medientheoretisch umso brisanter. Es ist gerade der von Baran aufgerufene Ort der Übertragung, ihr Aufschub, ihre Differenz, ihre Unterbrechung, an und in denen Entscheidungen getroffen werden, die auch den getäuschten User betreffen:

Kommunikation unterbrechen zu können, bedeutet Macht. Dabei unbeobachtet zu sein, bedeutet, auf eine unsichtbare Art Macht auszuüben. Diese Macht droht unangreifbar zu werden, wenn man die Instantanität für bare Münze nimmt. Die von Baran aufgerufenen Illusionen der Verbindung verhindern die von seinem Modell in die Welt gebrachte Netzwerkpolitik der Unterbrechung auf ähnliche Weise wie Medientheorien, die eine Instantanität der Übertragung behaupten.[47] Weder den Herausforderungen der geheimdienstlichen Überwachung noch jenen der Netzneutralität wird man auf diesem Weg begegnen können, auch wenn sie in Barans Modell ihren Entstehungsherd haben.

---

47 So etwa McLuhan and Nevitt 1973 und Virilio 1992. Ausführlicher
     beschrieben ist dieser Zusammenhang in Sprenger 2012.

Schluss: Zu einer Netzwerkpolitik der Unterbrechung

Die in digitalen Netzwerken nach dem Vorbild von Barans Modell implementierte Kontrolle durch Entscheidungen hat die Lösung konkreter technischer Probleme zum Ziel. Sie taucht zu einem bestimmten historischen Zeitpunkt auf und kann verschiedenen Zwecken dienen. Mikroentscheidungen sind weder von vornherein gut noch von vornherein schlecht. Für den Betrieb eines digitalen Netzwerks sind sie jedoch unvermeidlich. Deshalb ist es wichtig, sie vor Besetzungen zu schützen und die historischen Situationen zu kennen, in denen sie plausibel wurden, um so das Potential ihres Andersseins aufrecht zu erhalten. Wenn es einer Netzwerkpolitik gelingt, diese historische Tiefe mit dem zu verbinden, was in der Gegenwart geschieht, wenn sie es also vermag, die aktuellen Debatten um Netzneutralität und Überwachung auf die Geschichte der Architektur des Internets zu beziehen, dann könnte sie mit dem Rückgang auf die Anfänge einen neuen Blick auf mögliche Zukünfte gewinnen – darauf, dass Entscheidungen notwendig sind, aber nicht notwendigerweise vor der Übertragung schon getroffen sein müssen, darauf, dass es keine Übertragung ohne Machtausübung geben kann, diese Macht aber in Netzwerken verteilt sein kann, und darauf, dass es keinen Verkehr ohne Kontrolle geben kann, der Verkehr aber der Kontrolle vorausgeht. Eine derart informierte Netzwerkpolitik könnte angesichts der Überwältigung durch die Masse an Verbindungen ein Gespür für Trennungen am Leben erhalten und die Grenzlinie nachzeichnen, die Kontrolle von Überwachung unterscheidet.

Deshalb soll abschließend noch einmal der Blick auf die Verbindungen und Trennungen geworfen werden, die aus diesen Entscheidungen folgen. Im Verlauf dieses Textes wurden einige Orte und Zeiten ins Visier genommen, an denen mittels des protokollarischen Prinzips die Bedingungen von Mikroentscheidungen geschaffen wurden – man könnte weitere ergänzen: die Etablierung des X.25-Protokolls für Telefonnetze, des *Arpanets* oder des französischen Netzes *Cyclades*, die vielen Schritte der Durchsetzung von TCP/IP sowie die gegenwärtige Entwicklung des Internets der Dinge, das unsere Umgebungen berechenbar macht. Gemeinsam ist diesen Beispielen, dass es nicht nur jeweilige Orte und Zeiten gibt, an denen die Maßstäbe von Mikroentscheidungen institutionell festgelegt werden, sondern dass sie selbst Orte im Netz haben und einer eigenen Zeitlichkeit gehorchen. Entscheidungen werden an diesen Orten eingesetzt, um in ihrer spezifischen Temporalität selbsttätig abzulaufen. Diese Orte und Zeiten sind einer medienarchäologischen Perspektive zugänglich, die nicht von den netzwerkpolitischen Implikationen ihrer Erkenntnisse separiert werden sollte.

Die Operationsweisen technischer Netzwerke sind in ihren Tiefenwirkungen erst von ihrem Prozessieren von Differenzen durch Synchronisation und Taktung her zu verstehen. Übertragungen digitaler Daten in distribuierten bzw. skalenfreien Netzen, vom Browsen über das *High-Frequency-Trading* bis hin zum Internet der Dinge, sind gerade deswegen so wirksam, weil sie zwar mit der höchstmöglichen Geschwindigkeit, aber eben beständig unterbrochen operieren. Angesichts der Geschichte solcher Netzwerke kann man sogar behaupten, dass sie technisch nur möglich sind, weil ihre Übertragung nicht instantan ist und

sein kann. Ein *flow* wäscht alle Differenzen fort und damit auch
die Trennung, die Medien voraussetzen. Diese in verschiedenen
historischen Konstellationen aufweisbare Verdeckung der
Unterbrechung hat sowohl technische und theoretische als
auch politische Konsequenzen. Denkt man Übertragung von der
Überwindung von Distanz her, beispielsweise von der von Castells inaugurierten „annihilation of space and time by electronic
means" (Castells 1998, 379), verliert man wie Barans getäuschter
User die Operationsweisen digitaler Netzwerke und damit ihre
Politik von Verbindung und Trennung aus den Augen. Was wie
ein kontinuierlicher *flow* auf den Bildschirm zu gelangen scheint,
sind *bursts* aus Information. Für jeden *burst* sind Entscheidungen
mit politischen Implikationen getroffen worden. Sie bestimmen,
wer verbunden und wer getrennt ist. Würden Daten fließen, wäre
Übertragung also instantan, gäbe es keine Entscheidung, weil
sie keinen Ort und keine Zeit hätte. Die Entscheidung wäre dann
immer schon getroffen und könnte nicht geändert werden. In
anderen Worten: Theorien der Unmittelbarkeit sind Anleitungen
zur Ohnmächtigkeit. Würden wir die Orten und Zeiten der Entscheidung derart verdecken, schwebten wir in der Gefahr, die
Möglichkeit der Beschreibung jener Verfahren aus den Augen zu
verlieren, mit denen technische Standards oder Distributions-
weisen von unterbrochenen Strömen transformiert werden. Sie
gestalten, wer mit wem verbunden und wer von wem getrennt
sein kann. Um die Ströme zum Sprudeln zu bringen, dürfen wir
sie nicht davonfließen lassen.

Barans Ökonomie der Kommunikation zielt nicht zuletzt darauf,
die hohen Kosten unbenutzter Leitungen oder Knoten angesichts
von Pausen und Leerläufen zwischen Übertragungen zu vermeiden. Anfang der 1960er Jahre gibt es kaum Probleme mit über-
lasteten Knoten. Neutralität bzw. Priorisierung sind daher nichts,
was angesichts des Überflusses an Kapazität hätte bedacht
werden müssen. Es kann deshalb auch nicht als politischer Akt
ersten Ranges erscheinen, auf technischer Ebene eine Neutralität
zu integrieren, die zunächst der Kompatibilität von Hardware,

Anwendungen und Inhalten dient. Heute jedoch haben sich die Vorzeichen geändert: Priorisierung und Überlastung sind nicht mehr nur als technische, sondern auch als soziale und politische Probleme virulent. Dadurch wiederum wird deutlich, dass die technischen Lösungen der 1960er Jahre, die unter anderen Voraussetzungen gefunden wurden, noch in der aktuellen Lage wirksam sind. Barans Modell liefert dementsprechend den Rahmen, in dem gegenwärtig die Notwendigkeit des Bandbreitenmanagements und damit der politische Status von Mikroentscheidungen hervortreten. Letztere sind jedoch bereits 1964 unter anderen Vorzeichen in die Netzwerkarchitektur eingeschrieben und damals wie heute politische Entscheidungen – auch wenn sie 1964 diskriminierungsfrei waren und deshalb bis zu den ersten Überlastungen der Netze als demokratisch erscheinen konnten, weil zwar entschieden werden musste, die Entscheidungen aber niemanden priorisierten. Der Erfolg seit den 1990er Jahren hat das Internet nicht nur in dem trivialen Sinn politisiert, dass es als Forum von Meinungsäußerungen, Interventionen und Organisationen dient. Durch diesen Erfolg wurde vielmehr seine Infrastruktur zur globalen Grundlage einer neuen Dimension sozialer Verbindungen. Damit wurden Sozialität und Technik aufs Engste verschränkt, ohne dass das eine dem anderen vorausgehen würde. Wenn diese Infrastruktur verändert, gar ihre Funktionalität in Frage gestellt wird, dann sind Auswirkungen auf die Konstitution des Sozialen unausweichlich.

Diese Beobachtungen haben eine Reihe von Konsequenzen für eine Netzwerkpolitik der Unterbrechung und den Widerstand gegen Entscheidungen. Der Entscheidungsprozess als solcher kann nicht abgelehnt werden, weil dies eine Absage an das bedeuten würde, worüber entschieden wird: Datenübertragung in digitalen Netzen. Dass entschieden wird, kann nicht zur Verhandlung gestellt werden, ohne dem Verhandlungsgegenstand die Grundlage zu entziehen. Die Schwierigkeit, eine oppositionelle Perspektive zu finden, liegt darin, dass diese Entscheidungen das ermöglichen, wofür man kämpft. Mikroentscheidungen

abzuschaffen würde bedeuten, das Internet abzuschaffen. In
dieser Lage ist eine eindeutige Positionierung schwierig. Stattdessen liegt zunächst eine diskursive Strategie nahe, wie sie
vom *Chaos Computer Club* und der *Electronic Frontier Foundation*
vertreten wird, um User zu Mündigkeit in digitalen Kulturen zu
verhelfen und Selbstverteidigungskurse anzubieten: einerseits
eine Ausweitung gesellschaftlicher Debatten und die Forderung,
dass Provider ihre Maßnahmen offenlegen müssen, andererseits
die Anleitung zur individuellen Verschlüsselung und Kenntnis
technischer Abläufe, um der aufgezwungenen Transparenz eine
anonymisierende Intransparenz entgegenzustellen.

Dieser Pragmatismus akzeptiert die technischen Gegebenheiten,
um sie zu verbessern und dem Kontrollverlust etwas entgegenzuhalten, den der Blogger Michael Seemann als Effekt digitaler
Vernetzung beschrieben hat (vgl. Seemann 2014). An anderer
Stelle setzt die Analyse ein, die Alexander Galloway und Eugene
Thacker in *The Exploit* vorgenommen haben.[48] Ihr Ziel liegt in der
Untersuchung der Protokolle und Standards von Netzwerken, die
regeln, was mit Daten im Aufschub geschieht, die also festsetzen,
wer mit wem verbunden sein kann und damit bestimmen, was
sagbar und was nicht sagbar ist.[49] Diese Kräfte wollen Galloway

---

48 Vgl. Galloway and Thacker 2007. Allerdings findet sich auch bei Galloway die
    Rede von instantaner Übertragung: „Just as Marx descended into the inter-
    nal structure of the commodity to interpret its material workings within the
    context of production at large, I must descend instead into the distributed
    networks, the programming languages, the computer protocols, and other
    digital technologies that have transformed twenty-first-century production
    into a vital mass of immaterial flows and instantaneous transactions"
    (Galloway 2004, 20). An solchen Stellen wird auch dort die ‚Kohärenz im
    Widerspruch' deutlich, wo Galloway das Gegenteil von dem aufzeigt, was
    seine Metaphern implizieren.

49 Diskursanalyse unter digitalen Bedingungen könnte, diese Neuausrichtung
    liegt über Galloway und Thacker hinaus an diesem Punkt nahe, nicht nur
    auf der Ebene des Archivs, sondern auch auf der Ebene von Mikroent-
    scheidungen, Protokollen oder Algorithmen ansetzen. Sie entscheiden wie
    die herkömmlichen Machtinstrumente ebenfalls über Sag- und Sichtbar-
    keiten. Vielleicht könnte man in einem nächsten Schritt dazu übergehen, die
    Verfahren der Diskursanalyse und der Medienarchäologie auf dieser Ebene

und Thacker aushebeln: „Yet within protocological networks, political acts generally happen not by shifting power from one place to another but by exploiting power differentials already existing in the system." (Galloway 2004, 81) In der Sprache von Hackern ist ein *exploit* eine der Stellen, an denen sich die vorhandenen Kräfte zu neuen Zwecken ausnutzen lassen. Um an solche Stellen zu gelangen und systemimmanente Dynamiken zu nutzen, gleichsam in einer indirekten und dem Moment folgenden Taktik, ist es notwendig, die Struktur dessen, was man verändern will, bis in die Tiefenschichten zu kennen. Nur wenn wir die Regeln beherrschen, können wir zu Operateuren werden, die diese Regeln unterlaufen, affirmieren oder umschreiben. Dieses Vorgehen bedeutet nicht, zu kontrollieren, wer Zugang zu welchen Daten hat. Solche Versuche erscheinen hilflos in ihrem Bestreben, eine Souveränität aufrechtzuerhalten, die Kontrolle an ein Subjekt bindet. Wer soll wissen, wer auf welche Daten Zugriff hat? Die Bedingungen einer solchen Souveränität haben sich so radikal verändert, dass es darum gehen muss, bei ihren technologischen Voraussetzungen anzusetzen. Niemand hat Kontrolle in digitalen Netzen, weil digitale Netze aus der entscheidungsgebundenen Kontrolle ihrer Verteilung entstehen.

Ansetzen sollte eine solche Politik also bei den Mikroentscheidungen, deren Orte und Zeiten Unterbrechungen sind: die Orte, weil sie Knoten im Netz und damit Lücken direkter Verbindungen sind; die Zeiten, weil Entscheidungen dauern und immer langsamer bleiben, als man es sich erhofft, zugleich aber diese Dauer die Voraussetzung ihrer Möglichkeit darstellt. Sie sind das, was Edward Snowden „one-stop-shops" (Mestmacher-Steiner 2014) genannt hat: Dort können in einem Schritt, in kurzer Zeit und an einem Ort verschiedene Dinge erledigt werden. Man muss nicht jedes Endgerät einzeln überwachen. Knoten reichen. Eine alternative Netzwerkpolitik kann sich um

methodisch neu zu formulieren, um mit den technischen Entwicklungen Schritt halten zu können – im Sinne einer Analyse dessen, was Netzwerke durch Verbindungen und Trennungen sag- bzw. nicht sagbar machen.

Unterbrechungen, Aufschübe, Verspätungen und Differenzen herum organisieren. Über die *exploits* hinaus, die Galloway und Thacker als modulationsgeeignete Schwachstellen im Kraftgefüge bestimmen, sollte sie die Unterbrechung nicht nur zum Operationsmodus machen, sondern das Unterbrechen als Kommunikation begreifen. Unterbrechung ist der primäre Operationsmodus jedes digitalen Netzwerks. Weil es Unterbrechung gibt, gibt es Übertragung.

Von hier aus ließen sich, dies sei abschließend angedeutet, alternative Organisationsformen finden, die nicht mehr zu einer Unmittelbarkeit der Verbindung streben, sondern die immer schon vollzogene Unterbrechung und die Akzidenz von Verbindungen zur Grundlage nehmen. Ein solches Kollektiv müsste seine eigene Auftrennung, die Unterbrechung seiner Verbindungen, nicht als eine zu bekämpfende Bedrohung verstehen, sondern als Vorteil gegenüber jenen, die Verbundenheit voraussetzen, sie dann aber verlieren, weil sie unterbrochen wird. Nicht nur Verbindungen, sondern auch Trennungen werden hergestellt. Unterbrechungen könnten entsprechend zu einem Organisationsmodus der Desorganisation anleiten. Eine *organization of the organizationless*, wie sie etwa vom Sozialtheoretiker Rodrigo Nunes gefordert wird (vgl. Nunes 2014), könnte man in diesem Sinne auch verstehen als Affirmation der Unterbrechung, die weiß, dass über ihre Verbindungen notwendigerweise entschieden wird und dass Kontrolle unvermeidlich ist, aber unterlaufen werden kann. Parallel könnten neue Netzwerkarchitekturen wie *RINA* (*Recursive InterNetwork Architecture*) Möglichkeiten eröffnen, die aufgezeigten Schwierigkeiten der heutigen Architektur zu ändern und dabei den zugrundeliegenden Prinzipien treu zu bleiben (vgl. Day 2010).

In anderen Worten: Im Post-Snowden-Zeitalter ist die Differenz von Kontrolle und Überwachung in digitalen Netzwerken klarer geworden und damit auch die Notwendigkeit, Kontrolle zu kontrollieren und Überwachung zu umgehen. Die Voraussetzung dieses Vorgehens ist die technisch festgeschriebene Bedingung, dass es keine zentrale Instanz der Entscheidung gibt, sondern nur die lokale Anwendung des protokollarischen Machtmodus an jedem Knoten (vgl. Galloway 2004, 82). Diese Architektur gibt den prekären Status des Politischen in Netzwerken vor: Das Protokoll zu ändern bedeutet, auf der Ebene der Voraussetzungen des eigenen Handelns zu agieren. Die Anwendung des Protokolls zu kontrollieren kann angesichts der schieren Masse der Entscheidungen nur mit weiteren Protokollen gelingen. Und die Mikroentscheidungen als Entscheidungen auszuweisen, ihre Geschichte zu schreiben und ihre Orte und Zeiten zu erkennen, bedeutet zwar, sie zu kritisieren, ändert aber noch nichts. Die kleinteilige Arbeit der Netzpolitik, wie sie in den öffentlichen Debatten um Netzneutralität exemplarisch geleistet wird, kann so jedoch auf ein festeres Fundament gestellt werden.

Dieser Essay hat Kulturtechniken der Synchronisation analysiert (vgl. Kassung and Macho 2012), die eine Rechtzeitigkeit der Kommunikation sicherstellen und damit einige Eckpunkte einer Archäologie der Echtzeit sowie einer Genealogie ihrer Phantasmen entworfen. Diese Perspektiven zeigen in ihrer Verschränkung zum einen, dass die Geschichte der Medien und die Geschichte der Unmittelbarkeit eng verbunden sind. Sie zeigen zum anderen, wie tief die Mikroentscheidungen der Übertragung in die ‚technologische Bedingung' (Hörl 2011) der Gegenwart eingewoben sind. Die Tragweite künftiger Entwicklungen der Netzneutralität und die politischen Folgen der NSA-Enthüllungen haben hier ihre Basis. Geschichtsstunden sind, allem Anschein der Gegenwartsversessenheit zum Trotz, ein wichtiger Bestandteil der Aufrechterhaltung von Mündigkeit in digitalen Kulturen.

Zugespitzt ausgedrückt lautet die Frage, ob wir in einer Welt leben wollen, die zu fließen scheint, weil alle Entscheidungen schon gefällt worden sind – und zwar im Unsichtbaren, während wir die kontinuierlichen Unterbrechungen und Entscheidungen im Hintergrund nicht erreichen können –, oder ob wir in einer Welt leben wollen, die sich selbst nie präsent sein wird und in der es keine Unmittelbarkeit gibt, die aber mit jeder Entscheidung an jedem Knoten anders werden kann und offen bleibt für neue Möglichkeiten. Wir können dieser Frage nicht ausweichen, weil wir bereits in ihrem Netz gefangen sind. Doch wir können die Macht der Unterbrechung nutzen. Der Ausnahmezustand, der in einer beständigen Dauer des Entscheidens besteht, die selbst nicht unterbrochen wird, kann aufgelöst werden, wenn Entscheidungen auch in ihrer Masse als einzelne Entscheidungen identifizierbar bleiben, weil ihre Orte und Zeiten bekannt sind. Wenn das Entscheiden normal wird, in einen Zustand des Alltäglichen übergeht, dann verliert, einem Gedanken Giorgio Agambens zufolge, die Krise, die als *crisis* einen Moment der Entscheidung bezeichnet, ihren zeitlichen Index und wird zum Normalzustand (vgl. Agamben 2014). Sie wäre unterbrechungsfrei und reibungslos geworden. Auch in diesem Sinne sollten digitale Kulturen Kulturen der Krise sein (vgl. Chun 2011).

Vielleicht jedoch lauert eine noch größere Herausforderung an ganz anderer Stelle: Mikroentscheidungen werden von Maschinen für Maschinen über Daten getroffen. Vielleicht können wir zwar noch einzelne Entscheidungen identifizieren, kommen aber immer schon zu spät, weil ihre Masse und Geschwindigkeit unsere Kapazitäten übersteigt. Wenn Maschinen nur mit Maschinen kommunizieren und die Menschen an den Enden der Knoten lediglich Erfüllungsgehilfen sind, die Interessen der Mächte nur noch neueren und genaueren Maschinen dienen und Entscheidungen keine Entscheider mehr haben, dann könnte sich die eigentliche Aufgabe verschoben haben. Sie könnte darin bestehen, dass unsere überlieferten Beschreibungssprachen, unsere Begriffe von Mensch und Maschine, vom Hervorbringen, vom Arbeiten und vom Tätigsein, zu ungenau geworden sind, um zu erfassen, was vor sich geht und wer wen überwacht. Vielleicht reichen sie nicht mehr aus, um Maschinen zu verstehen, die Menschen weder überflüssig machen noch nach ihrem Vorbild gedacht sind. Vor dem Horizont der Frage, was Kontrolle und Überwachung dann bedeuten könnten, endet dieser Essay.

Danksagung

Eine frühere Version des zweiten Teils wurde 2012 auf der Tagung *Network Archaeology* an der Miami University, Oxford/Ohio vorgestellt. Ich danke den Organisatoren Cris Cheek und Nicole Starosielski sowie den Diskutanden der Tagung für ihre Hinweise. Sebastian Gießmann, Till Heilmann und Christoph Engemann haben diesen Text aufmerksam gelesen und Engpässe geöffnet. Auf der Lüneburger Tagung *Data & Technics*, 2014 organisiert von Götz Bachmann, Paul Feigelfeld, Yuk Hui und Scott Lash, konnte ich diesen Teil in überarbeiteter Fassung präsentieren. Ohne die vehementen Nachfragen Erich Hörls und Götz Bachmanns, was im Konkreten an meinen Überlegungen zu Paul Baran politisch sei, wäre dieses Buch nie entstanden.

Meinen Kollegen vom *Digital Cultures Research Lab*, insbesondere dem Editoral Board der Buchserie *Digital Cultures*, danke ich herzlich für ihre Unterstützung. Zuletzt ist Randi Heinrichs dem Text bis in die Tiefen der Fußnoten gefolgt. Das Engagement von *meson press*, sich auf das Unternehmen einzulassen, insbesondere die Hilfe Marcus Burkhardts und Andreas Kirchners, hat dieses Projekt erst möglich gemacht. Valentine Pakis' Übersetzung hat dem Text ein englisches Gesicht gegeben. Sebastian Lehr hat mit dem Blick von Außen manche Ungenauigkeit identifiziert. Und Regina Wuzella ist dieses Buch gewidmet.

Literatur

Abbate, Janet. 2000. *Inventing the Internet.* Cambridge: MIT Press.

Ackerman, Spencer. 2014. „Senate Republicans block USA Freedom Act surveillance reform bill." Letzter Zugriff am 19. Januar 2015. http://www.theguardian.com/us-news/2014/nov/18/usa-freedom-act-republicans-block-bill.

Agamben, Giorgio. 2014. „For a theory of destituent power." *Chronos* 10 (1). http://www.chronosmag.eu/index.php/g-agamben-for-a-theory-of-destituent-power.html.

Apple 2015. „We've built privacy into the things you use every day." Letzter Zugriff am 19. Januar 2015. http://www.apple.com/privacy/privacy-built-in/.

Bamford, James. 1982. *The Puzzle Palace: A Report on America's Most Secret Agency.* Boston: Houghton Mifflin.

———. 2008. *The Shadow Factory: The Ultra-Secret NSA from 9/11 to the Eavesdropping on America.* New York: Doubleday.

———. 2012. „The NSA Is Building the Country's Biggest Spy Center (Watch What You Say)." *Wired* 3. Letzter Zugriff am 19. Januar 2015. http://www.wired.com/2012/03/ff_nsadatacenter.

———. 2014. „The Most Wanted Man in the World." *Wired* 1. Letzter Zugriff am 19. Januar 2015. http://www.wired.com/2014/08/edward-snowden.

Barabási, Albert-László und Eric Bonabeau. 2003. „Scale-Free Networks." *Scientific American* 5: 50–59.

Baran, Paul. 1964a. *On Distributed Communications: II. Digital Simulation of Hot-Potato Routing in a Broadband Distributed Communications Network.* Santa Monica: RAND Corporation.

———. 1964b. *On Distributed Communications: XI. Summary Overview.* Santa Monica: RAND Corporation.

———. 1964c. *On Distributed Communications: V. History, Alternative Approaches, and Comparisons.* Santa Monica: RAND Corporation.

———. 1964d. „On distributed communications networks." *IEEE Transactions* CS-12 (1): 1–9.

———. 2002. „The Beginnings of Packet Switching: Some Underlying Concepts." *IEEE Communications Magazine* 40 (7): 42-48.

Barlow, John P. 1996. „A Declaration of the Independence of Cyberspace." Letzter Zugriff am 19. Januar 2015. http://projects.eff.org/~barlow/Declaration-Final.html.

Bärwolff, Matthias. 2009. "DPI considered not harmful." Letzter Zugriff am 19. Januar 2015. http://works.bepress.com/mbaer/3/.

Bar-Yanai, Roni, Michael Langberg, David Peleg und Liam Roditty. 2010. „Realtime Classification for Encrypted Traffic." *Lecture Notes in Computer Science* 6049: 373–85.

Bauman, Zygmunt, Didier Bigo, Paulo Esteves, Elspeth Guild, Vivienne Jabri, David Lyon und R. B. J. Walker. 2014. „After Snowden: Rethinking the Impact of Surveillance." *International Political Sociology* 8: 121–44.

Baxmann, Inge, Timon Beyes und Claus Pias, Hg. 2014. *Soziale Medien, Neue Massen.* Berlin: Diaphanes.

Beckedahl, Markus. 2009. „Netzpolitik-Podcast 081: Netzneutralität und Netzwerkmanagement." Letzter Zugriff am 19. Januar 2015. http://netzpolitik.org/2009/netzpolitik-podcast-081-netzneutralitaet-und-netzwerkmanagement.

Beckedahl, Markus und André Meister, Hg. 2014. *Überwachtes Netz: Edward Snowden und der größte Überwachungsskandal der Geschichte.* Berlin: Newthinking Communications.

Bedner, Mark. 2009. „Rechtmäßigkeit der ‚Deep Packet Inspection'." Letzter Zugriff am 19. Januar 2015. https://kobra.bibliothek.uni-kassel.de/bitstream/urn:nbn:de:hebis:34-2009113031192/5/BednerDeepPacketInspection.pdf.

Bendrath, Ralf und Milton Mueller. 2010. „The End of the Net as we know it? Deep Packet Inspection and Internet Governance." Letzter Zugriff am 19. Januar 2015. http://papers.ssrn.com/sol3/papers.cfm?abstract_id=1653259.

Beniger, James R. 1986. *The Control Revolution: Technological and Economic Origins of the Information Society.* Cambridge: Harvard University Press.

Bertschek, Irene, Yoo, Christopher S., Fabienne R. Rasel, and Florian Smuda. 2013. "Die Netzneutralitätsdebatte im internationalen Vergleich." Bundesministerium für Wirtschaft und Technologie. Letzter Zugriff am 19. Januar 2015. http://www.bmwi.de/BMWi/Redaktion/PDF/Publikationen/Studien/netzneutralitaetsdebatte-im-internationalen-vergleich,property=pdf,bereich=-bmwi2012,sprache=de,rwb=true.pdf.

Beyes, Timon, and Claus Pias. 2014. "Transparenz und Geheimnis." *Zeitschrift für Kulturwissenschaften* 2: 111–117.

Blumenberg, Hans. 2012. *Quellen, Ströme, Eisberge.* Berlin: Suhrkamp.

Blumenthal, Marjory und David Clark. 2001. „Rethinking the Design of the Internet: The End-to-End Arguments vs. the Brave New World." *ACM Transactions on Internet Technology* 1 (1): 70–109.

Brand, Stewart. 2003. „Founding Father." *Wired* 9 (3): 145–153.

Bunz, Mercedes. 2009. *Vom Speicher zum Verteiler: Die Geschichte des Internet.* Berlin: Kadmos.

Canguilhem, Georges. 2006. „Die Position der Epistemologie muss in der Nachhut angesiedelt sein: Ein Interview." In *Wissenschaft, Technik, Leben.* Herausgegeben von Henning Schmidgen, 103–22. Berlin: Merve.

Carpenter, Brian. 1996. „Architectural Principles of the Internet: RFC 1958." Letzter Zugriff am 19. Januar 2015. https://www.ietf.org/rfc/rfc1958.txt.

Castells, Manuel. 1998. *The Information Age: Economy, Society, and Culture: End of millennium.* Malden: Blackwell Publishers.

Cerf, Vinton und Robert Kahn. 1974. „A Protocol for Packet Network Intercommunication." *IEEE Transactions on Communications* 22 (5): 637–48.

Chamayou, Gregoire. 2015. „A brief philosophical history of the NSA." Radical Philosophy 191: 2-13.

Chang, Briankle. 1996. *Deconstructing Communication.* Minneapolis: University of Minnesota Press.

Chaos Computer Club. 2010. „Forderungen für ein lebenswertes Netz."
Letzter Zugriff am 19. Januar 2015. http://www.ccc.de/en/updates/2010/
forderungen-lebenswertes-netz.

Chun, Wendy. 2011. "Crisis, Crisis, Crisis, or Sovereignty and Networks." *Theory Culture & Society* 28 (6): 91-112.

Cisco Systems. 2015. „Cisco Service Control Engine 10000 Data Sheet." Letzter Zugriff am 19. Januar 2015. http://www.cisco.com/c/en/us/products/collateral/service-exchange/sce-10000-series-service-control-engines/datasheet-c78-732339.html.

Clarke, Richard A., Michael J. Morell, Geoffrey R. Stone, Cass R. Sunstein und Peter P. Swire. 2014. *The NSA report: Liberty and security in a changing world.* Princeton: Princeton University Press.

Cohn, Cindy. 2014. „EFF Response to FBI Director Comey's Speech on Encryption." Letzter Zugriff am 19. Januar 2015. https://www.eff.org/deeplinks/2014/10/eff-response-fbi-director-comeys-speech-encryption.

Cohn, Marjorie. 2014. „Police State America: Will the US Supreme Court Apply Cell Phone Privacy to NSA Metadata Collection?" Letzter Zugriff am 19. Januar 2015. http://www.globalresearch.ca/police-state-america-will-the-us-supreme-court-apply-cell-phone-privacy-to-nsa-metadata-collection/5389211.

Comey, James. 2014. „Going Dark: Are Technology, Privacy, and Public Safety on a Collision Course?" Letzter Zugriff am 19. Januar 2015. http://www.fbi.gov/ne ws/speeches/going-dark-are-technology-privacy-and-public-safety-on-a-collision-course.

Davies, Donald W. 2001. „An Historical Study of the Beginnings of Packet Switching." *The Computer Journal* 44 (3): 152-62.

Day, John D. 2010. *Patterns in network architecture: A return to fundamentals.* London: Pearson Education.

DeNardis, Laura. 2014. *Protocol Politics: The Globalization of Internet Governance.* Cambridge: MIT Press.

Derrida, Jacques. 1976. „Die Struktur, das Zeichen und das Spiel im Diskurs der Wissenschaften vom Menschen." In *Die Schrift und die Differenz*, 422-42. Frankfurt/Main: Suhrkamp.

———. 1979. *Die Stimme und das Phänomen: Einführung in das Problem des Zeichens in der Phänomenologie Husserls.* Frankfurt/Main: Suhrkamp.

Deutsche Telekom. 2010. „Was bedeutet eigentlich Netzneutralität?" Letzter Zugriff am 19. Januar 2015. http://www.schonleben.de/wp-content/uploads/2010/09/telekom-was-bedeutet-eigentlich-netzneutralitaet.pdf.

Deutscher Bundestag. 2012. „Vierter Zwischenbericht der Enquete-Kommission *Internet und digitale Gesellschaft*: Bundestags-Drucksache Drucksache 17/8536." Letzter Zugriff am 19. Januar 2015. http://dipbt.bundestag.de/dip21/btd/17/085/1708536.pdf.

Diffie, Whitfield und Susan E. Landau. 2010. *Privacy on the line: The politics of wiretapping and encryption.* Cambridge: MIT Press.

Doppelmayr, Johann Gabriel. 1744. *Neu-entdeckte Phaemomena von bewundernswürdigen Würckungen der Natur.* Nürnberg: Fleischmann.

122   Electronic Frontier Foundation. 2013. „Wapo Prism Document." Letzter Zugriff am
19. Januar 2015. https://www.eff.org/document/2013-06-06-wapo-prism.

Engell, Lorenz und Joseph Vogl. 1999. „Vorwort." In *Kursbuch Medienkultur: Die maßgeblichen Theorien von Brecht bis Baudrillard*. Herausgegeben von Claus Pias et al.,
8–11. Stuttgart: DVA.

Engemann, Christoph. 2010. „Verteiltes Überleben: Paul Barans Antwort auf die
atomare Bedrohung." In *Überleben: Ein kulturtheoretischer Begriff*. Herausgegeben
von Falko Schmiederer, 381–94. München: Fink.

———. 2015. „Die Adresse des freien Bürgers: Digitale Identitätssysteme
Deutschlands und der USA im Vergleich." *Leviathan: Berliner Zeitschrift für
Sozialwissenschaft* 43 (1): 43–63.

Ernst, Wolfgang. 2007. „Zeit und Code." In *Die Szene der Gewalt: Bilder, Codes und
Materialitäten*. Herausgegeben von Daniel Tyradellis and Burkhardt Wolf, 175–87.
Frankfurt/Main: Peter Lang.

Felten, Edward W. 2013. „Declaration of Professor Edward W. Felten." Letzter
Zugriff am 19. Januar 2015. https://www.aclu.org/files/pdfs/natsec/
clapper/2013.08.26%20ACLU%20PI%20Brief%20-%20Declaration%20-%20Felten.
pdf.

Foucault, Michel. 1996. *Was ist Kritik?* Berlin: Merve.

Fung, Brian. 2014. „World Wide Web inventor slams Internet fast lanes: 'It's
bribery.'." Letzter Zugriff am 19. Januar 2015. http://www.washingtonpost.com/
blogs/the-switch/wp/2014/09/19/world-wide-web-inventor-lashes-out-at-inter
net-fast-lanes-its-bribery.

Galison, Peter. 2001. „War against the Center." *Grey Room* 4 (4): 5–33.

———. 2003. *Einsteins Uhren, Poincarés Karten: Die Arbeit an der Ordnung der Zeit*.
Frankfurt/Main: Fischer.

Galloway, Alexander R. 2004. *Protocol: How control exists after decentralization*. Cambridge: MIT Press.

Galloway, Alexander R. und Eugene Thacker. 2007. *The exploit: A theory of networks*.
Minneapolis: University of Minnesota Press.

Gaycken, Sandro. 2013. „Snowden opferte sein Leben für ein offenes Geheimnis."
Cicero, Juli 8.

Gellman, Barton und Askhan Soltani. 2013. „NSA tracking cellphone locations worldwide, Snowden documents show." Letzter Zugriff am 19. Januar 2015. http://www.
washingtonpost.com/world/national-security/nsa-tracking-cellphone-locations-
worldwide-snowden-documents-show/2013/12/04/5492873a-5cf2-11e3-bc56-
c6ca94801fac_story.html.

Gießmann, Sebastian. 2009. „Netzwerk-Zeit, Zeit der Netzwerke: Fragmente zur
Datenökonomie um 1960." In *Zeitkritische Medien*. Herausgegeben von Axel
Volmar, 239–54. Berlin: Kadmos.

———. 2014. *Die Verbundenheit der Dinge: Eine Kulturgeschichte der Netze und Netzwerke*. Kaleidogramme. Berlin: Kadmos.

———. 2015. „Im Parlament der möglichen Medienpraktiken: Anmerkungen
zur Netzneutralitätskontroverse." *Mediale Kontrolle unter Beobachtung*. Im
Erscheinen.

Gilder, George F. 2000. *Telecosm: How infinite bandwidth will revolutionize our world.* New York: Free Press.

Gillespie, Tarleton. 2006. „Engineering a Principle: 'End-to-End' in the Design of the Internet." *Social Studies of Science* 36: 427–57.

Gorman, Siobhan und Jennifer Valentino-DeVries. 2013. „New Details Show Broader NSA Surveillance Reach." Letzter Zugriff am 19. Januar 2015. http://online.wsj.com/articles/SB10001424127887324108204579022874091732470.

Gray, Stephen. 1731. „A Letter to Cromwell Mortimer, M. D. Secr. R. containing several Experiments concerning Electricity." *Philosophical Transactions* 37: 18–44.

Greenwald, Glenn. 2014. *No place to hide: Edward Snowden, the NSA and the Surveillance State.* London: Penguin.

Greenwald, Glenn, Ewen MacAskill und Laura Poitras. 2013. „Edward Snowden: The whistleblower behind the NSA surveillance revelations." Letzter Zugriff am 19. Januar 2015. http://www.theguardian.com/world/2013/jun/09/edward-snowden-nsa-whistleblower-surveillance.

Guardian. 2013. „Verizon forced to hand over telephone data – full court ruling." Letzter Zugriff am 19. Januar 2015. http://www.theguardian.com/world/interactive/2013/jun/06/verizon-telephone-data-court-order.

Halpin, Harry. 2013. „Immaterial Civil War: The World Wide War on the Web." *Culture Machine* 14: 1–26.

Helmholtz, Hermann von. 2003. „Ueber die Methoden, kleinste Zeittheile zu messen, und ihre Anwendung für physiologische Zwecke." In *Gesammelte Schriften.* Herausgegeben von Jochen Brüning, 862–80. Hildesheim: Olms.

Hesse, Mary B. 1961. *Forces and Fields: The Concept of Action at a Distance in the History of Physics.* London: Nelson.

Hill, Kashmir. 2013. „Blueprints Of NSA's Ridiculously Expensive Data Center In Utah Suggest It Holds Less Info Than Thought." Letzter Zugriff am 19. Januar 2015. http://www.forbes.com/sites/kashmirhill/2013/07/24/blueprints-of-nsa-data-center-in-utah-suggest-its-storage-capacity-is-less-impressive-than-thought/.

Hörl, Erich. 2011. „Die technologische Bedingung: Zur Einführung." In *Die technologische Bedingung: Beiträge zur Beschreibung der technischen Welt.* Herausgegeben von Erich Hörl, 7–53. Frankfurt/Main: Suhrkamp.

Hughes, Thomas P. 1993. *Networks of power.* London: The Johns University Press.

Human Rights Council. 2014. „The right to privacy in the digital age: Report of the Office of the United Nations High Commissioner for Human Rights." Letzter Zugriff am 19. Januar 2015. http://www.ohchr.org/en/hrbodies/hrc/regularsessions/session27/documents/a.hrc.27.37_en.pdf.

Human Rights Watch. 2014. „Turkey: Internet Freedom, Rights in Sharp Decline." Letzter Zugriff am 19. Januar 2015. http://www.hrw.org/news/2014/09/02/turkey-internet-freedom-rights-sharp-decline.

Ingham, Kenneth und Stephanie Forrest. 2002. „A History and Survey of Network Firewalls." Letzter Zugriff am 19. Januar 2015. http://www.cs.unm.edu/ treport/tr/02-12/firewall.pdf.

Inkster, Nigel. 2014. „The Snowden Revelations: Myths and Misapprehensions." *Survival* 56 (1): 51–60.

124 International Telecommunication Union. 2012. „Requirements for deep packet inspection in next generation networks." Letzter Zugriff am 19. Januar 2015. http://www.itu.int/rec/T-REC-Y.2770-201211-I.

Jäger, Ludwig. 2004. „Störung und Transparenz: Skizze zur performativen Logik des Medialen." In *Performativität und Medialität*. Herausgegeben von Sybille Krämer, 35–74. München: Fink.

Kammerer, Dietmar. 2015. „Software, die zur Waffe wird." *Edition Le Monde Diplomatique* (16): 38–41.

Kapp, Ernst. 1877. *Grundlinien einer Philosophie der Technik*. Braunschweig: Westermann.

Kassung, Christian und Thomas Macho, Hg. 2012. *Kulturtechniken der Synchronisation*. München: Fink.

Kelty, Chris. 2014a. "Against Networks." *Spheres* 1. Letzter Zugriff am 19. Januar 2015. http://cdc.leuphana.com/uploads/tx_dwwebjournal/spheres-1_kelty1.pdf

———. 2014. „The Fog of Freedom." In *Media technologies: Essays on communication, materiality, and society*. Herausgegeben von Tarleton Gillespie, Pablo J. Boczkowski und Kirsten A. Foot, 195–220. Cambridge: MIT Press.

Kirschenbaum, Matthew G. 2008. *Mechanisms: New media and the forensic imagination*. Cambridge: MIT Press.

Kittler, Friedrich A. 1986. „No Such Agency." *TAZ*, Oktober 11. Zitiert nach „No Such Agency," übersetzt von Paul Feigelfeld. *Theory, Culture & Society* (Februar 12, 2014). Letzter Zugriff am 19. Januar 2015. http://theoryculturesociety.org/kittler-on-the-nsa/.

Kleinrock, Leonard. 1964. *Communication Nets: Stochastic Message Flow and Delay*. New York: McGraw-Hill.

Konitzer, Werner. 2005. „Telefonieren als besondere Form gedehnter Äußerung." In *Ortsgespräche: Raum und Kommunikation 19 und 20 Jahrhundert*. Herausgegeben von Alexander C. Geppert, Uffa Jensen und Jörn Weinhold, 179–99. Bielefeld: Transcript.

Krämer, Jan, Lukas Wiewiorra und Christof Weinhardt. 2013. „Net neutrality: A progress report." *Telecommunications Policy* 37 (9): 794–813.

Krämer, Sybille. 2003. „Erfüllen Medien eine Konstitutionsleistung? Thesen über die Rolle medientheoretischer Erwägungen beim Philosophieren." In *Medienphilosophie: Beiträge zur Klärung eines Begriffs*. Herausgegeben von Stefan Münker, Alexander Roesler und Mike Sandbothe, 78–90. Frankfurt/Main: Fischer.

Królikowski, Agata. 2014. „Packet Inspection in Zeiten von Big Data." In *Überwachung und Recht: Tagungsband zur Telemedicus Sommerkonferenz 2014*. Herausgegeben von Telemedicus e.V., 143–64. Berlin: epubli.

Kurz, Constanze. 2011. „Das Blinzeln des Adlers." Letzter Zugriff am 19. Januar 2015. http://www.faz.net/aktuell/feuilleton/aus-dem-maschinenraum/kriegstechnik-das-blinzeln-des-adlers-11374424.html.

Landau, Susan. 2013. „Making Sense of Snowden: What's Significant in the NSA Surveillance Revelations." *IEEE Security and Privacy* 11 (4): 54–63.

———. 2014. „Making Sense of Snowden Part II: What's Significant in the NSA Surveillance Relevations." *IEEE Security and Privacy* 12 (1): 66–75.

Lemke, Martin. 2008. „Die Praxis polizeilicher Überwachung: Geschichten aus dem Alltag." In *1984.exe: Gesellschaftliche, politische und juristische Aspekte moderner Überwachungstechnologien.* Herausgegeben von Sandro Gaycken and Constanze Kurz, 167–79. Bielefeld: Transcript.

Lessig, Lawrence. 2004. *Free culture: How big media uses technology and the law to lock down culture and control creativity.* New York: Penguin Press.

Lobo, Sascha. 2014. „Die digitale Kränkung des Menschen." Letzter Zugriff am 19. Januar 2015. http://www.faz.net/aktuell/feuilleton/debatten/abschied-von-der-utopie-die-digitale-kraenkung-des-menschen-12747258.html.

Loebel, Jens-Martin. 2011. „Aus dem Tagebuch eines Selbstaufzeichners: Interview geführt von Ute Holl und Claus Pias." *Zeitschrift für Medienwissenschaft* 4: 115–26.

Loewenstein, Anthony. 2014. „The ultimate goal of the NSA is total population control." Letzter Zugriff am 19. Januar 2015. http://www.theguardian.com/commentisfree/2014/jul/11/the-ultimate-goal-of-the-nsa-is-total-popu lation-control.

Lovink, Geert. 2014. „Hermes on the Hudson: Notes on Media Theory after Snowden." *eflux* 54 (4). Letzter Zugriff am 19. Januar 2015. http://www.e-flux.com/journal/hermes-on-the-hudson-notes-on-media-theory-after-snowden/.

Lyon, David. 2014. „Surveillance, Snowden, and Big Data: Capacities, consequences, critique." *Big Data & Society* 1 (2): 1–13.

March, James G. und Johan P. Olsen. 1976. *Ambiguity and Choice in Organizations.* Bergen: Universitetsforlaget.

Marsden, Christopher T. 2010. *Net Neutrality: Towards a Co-regulatory Solution.* London: Bloomsbury.

Martini, Mario. 2011. „Wie viel Gleichheit braucht das Internet? Netzneutralität zwischen kommunikativer Chancengleichheit und Infrastruktureffizienz." *Speyerer Vorträge* 96. Letzter Zugriff am 19. Januar 2015. http://www.dhv-speyer. de/PUBL/Vortraege/Heft96.pdf.

McKelvey, Fenwick. 2010. „Ends and Ways: The Algorithmic Politics of Network Neu- trality." *Global Media Journal* 3 (1): 51–73.

McLuhan, Marshall. 1964. *Understanding Media: The Extensions of Man.* New York: Mentor.

McLuhan, Marshall und Barrington Nevitt. 1973. „The Argument: Causality in the Electric World." *Technology and Culture* 14 (1): 1–18.

Merkel, Angela. 2014. „Rede von Bundeskanzlerin Merkel zum *Digitising Europe Summit* am 4. Dezember 2014." Letzter Zugriff am 19. Januar 2015. http://www. bundesregierung.de/Content/DE/Rede/2014/12/2014-12-04-merkel-digitising- europe-summit.html.

Mersch, Dieter. 2004. „Medialität und Undarstellbarkeit: Einleitung in eine ‚negative' Medientheorie." In *Performativität und Medialität.* Herausgegeben von Sybille Krämer, 75–96. München: Fink.

Mestmacher-Steiner, Christoph. 2014. „Interview with Edward Snowden." Letzter Zugriff am 19. Januar 2015. https://www.tagesschau.de/snowden-interview-eng- lisch100.pdf.

126   Mueller, Milton. 2004. *Ruling the Root: Internet Governance and the Taming of Cyber-space*. Cambridge: MIT Press.

National Security Agency. 2013. „Missions, Authorities, Oversight and Partnerships."
Letzter Zugriff am 19. Januar 2015. https://www.nsa.gov/public_info/_files/spee-ches_testimonies/2013_08_09_the_nsa_story.pdf

Nunes, Rodrigo. 2014. *Organisation of the Organisationless: Collective Action After Net-works*. Lüneburg: Mute.

Parikka, Jussi. 2012. *What is Media Archaeology?* Cambridge: Polity Press.

Paßmann, Johannes. 2014. „Baumhaus und Hausrecht: Netzneutralität zwischen historischem Ideal und technisch-ökonomischer Wirklichkeit." In *Wir nennen es Wirklichkeit: Denkanstöße zur Netzkultur*. Herausgegeben von Peter Kemper, Alf Mentzer und Julika Tillmanns, 235–53. Leipzig: Reclam.

Peters, John D. 2000. *Speaking into the Air: A History of the Idea of Communication*.
Chicago: University of Chicago Press.

Pias, Claus. 2009. „Time of Non-Reality: Miszellen zum Thema Zeit und Auflösung."
In *Zeitkritische Medien*. Herausgegeben von Axel Volmar, 267–81. Berlin: Kadmos.

Plate, Jürgen. 2004. „Grundlagen Computernetze." Letzter Zugriff am 19. Januar 2015. http://www.netzmafia.de/skripten/netze/index.html.

van Rensselaer, Cortlandt. 1858. *Signals from the Atlantic Cable: An Address delivered at the Telegraphic Celebration*. Philadelphia: Wilson.

Rieger, Frank. 2008. „Abhören und Lokalisieren von Telefonen: Der Stand der Dinge."
In *1984.exe: Gesellschaftliche, politische und juristische Aspekte moderner Über-wachungstechnologien*. Herausgegeben von Sandro Gaycken and Constanze Kurz, 53–66. Bielefeld: Transcript.

Riley, Chris M. und Ben Scott. 2009. „Deep Packet Inspection: The End of the Internet as we know it?" Letzter Zugriff am 19. Januar 2015. http://www.freepress.net/files/Deep_Packet_Inspection_The_End_of_the_Internet_As_We_Know_It.pdf.

Rohrhuber, Julian. 2009. „Das Rechtzeitige: Doppelte Extension und formales Experiment." In *Zeitkritische Medien*. Herausgegeben von Axel Volmar, 195–212. Berlin: Kadmos.

Saar, Martin. 2008. „Genealogische Kritik." In *Was ist Kritik? Philosophische Positionen*. Herausgegeben von Rahel Jaeggi and Tilo Wesche, 247–65. Frankfurt/Main: Suhrkamp.

Saltzer, J.H, D.P Reed und D.D Clark. 1984. „End-to-End-Arguments in System Design." *ACM Transactions on Computer Systems* 2 (4): 277–88.

Sandvig, Christian. 2007. „Network neutrality is the new common carriage." *info* 9 (2/3): 136–47.

Savage, Charlie. 2013. „U.S. Weighs Wide Overhaul of Wiretap Laws." Letzter Zugriff am 19. Januar 2015. http://www.nytimes.com/2013/05/08/us/politics/obama-may-back-fbi-plan-to-wiretap-web-users.html.

Scheuerman, William E. 2014. „Whistleblowing as Civil Disobedience: The Case of Edward Snowden." *Philosophy Social Criticism* 40 (7): 609–28.

Schröter, Jens. 2004. *Das Netz und die Virtuelle Realität: Zur Selbstprogrammierung der Gesellschaft durch die universelle Maschine*. Bielefeld: Transcript.

Scola, Nancy. 2014. „Obama's gone 'old-school net neutrality': A Tim Wu Q&A."
Letzter Zugriff am 19. Januar 2015. http://www.washingtonpost.com/blogs/
the-switch/wp/2014/11/10/obamas-gone-old-school-net-neutrality-a-tim-wu-qa/.

van Schewick, Barbara. 2010. *Internet architecture and innovation*. Cambridge: MIT
Press.

Seemann, Michael. 2014. *Das neue Spiel. Strategien für die Welt nach dem digitalen
Kontrollverlust*. Freiburg: Orange Press.

Serres, Michel. 1987. *Der Parasit*. Frankfurt/Main: Suhrkamp.

Siegert, Bernhard. 1993. *Relais: Geschickte der Literatur als Epoche der Post*. Berlin:
Brinkmann & Bose.

Siemens, Werner. 1866. „Die electrische Telegraphie." In *Sammlung gemeinver-
ständlicher wissenschaftlicher Vorträge*. Herausgegeben von Rudolf Virchow and
Friedrich von Holtzendorff, 1–40. Berlin: Lüderitz'sche Verlagsbuchhandlung.

Siering, Peter. 2011. „28C3: Hacker kämpfen für „echtes Netz" und „echte
Computer"." Letzter Zugriff am 19. Januar 2015. http://www.heise.de/new-
sticker/meldung/28C3-Hacker-kaempfen-fuer-echtes-Netz-und-echte-
Computer-1401796.html.

Sietmann, Richard. 2011. „Schmalspur: Der Kampf gegen die Netzneutralität zielt auf
die Vereinnahmung des Internet." *c't* 8: 158–65.

Singel, Ryan. 2007. „Point, Click … Eavesdrop: How the FBI Wiretap Net Operates."
Letzter Zugriff am 19. Januar 2015. http://www.wired.com/politics/security/
news/2007/08/wiretap?

Sonne, Paul und David Gauthier-Villars. 2012. „Tech Firm Amesys Faces French
Judicial Probe." Letzter Zugriff am 19. Januar 2015. http://www.wsj.com/articles/
SB10001424052702304791704577420392081640000.

Sprenger, Florian. 2012. *Medien des Immediaten: Elektrizität, Telegraphie, McLuhan*.
Berlin: Kadmos.

Steinmetz, Kevin F. 2012. „WikiLeaks and Realpolitik." *Journal of Theoretical and
Philosophical Criminology* 4 (1): 14–52.

Sutherland, Thomas. 2012. „Liquid Networks and the Metaphysics of Flux:
Ontologies of Flow in an Age of Speed and Mobility." *Theory, Culture & Society* 30
(5): 3–23.

Taureck, Bernhard H. F. 2014. *Überwachungsdemokratie: Die NSA als Religion*.
München: Fink.

Thacker, Eugene. 2004. „Networks, Swarms, Multitudes." *Ctheory* 18. Letzter Zugriff
am 19. Januar 2015. http://www.ctheory.net/articles.aspx?id=422.

———. 2009. „Netzwerke, Schwärme, Multitudes." In *Schwärme*. Herausgegeben von
Eva Horn and Lucas M. Gisi, 27–78. Bielefeld: Transcript.

US Congress. 1996. „Communications Assistance for Law Enforcement Act, August
19, 1996". Letzter Zugriff am 19. Januar 2015. http://legcounsel.house.gov/Comps/
Communications%20Assistance%20For%20Law%20Enforcement%20Act.pdf.

Used Cisco Info. Letzter Zugriff am 19. Januar 2015. http://www.usedcisco.info/
CISCO.

128 Vereinte Nationen. 1948. „Allgemeine Erklärung der Menschenrechte." Letzter
Zugriff am 19. Januar 2015. http://www.un.org/depts/german/menschenrechte/
aemr.pdf.

Virilio, Paul. 1992. *Rasender Stillstand*. München: Hanser.

Warnke, Martin. 2014. „Datenbanken als Zitadellen des Web 2.0." In *Soziale Medien,
Neue Massen*. Herausgegeben von Inge Baxmann, Timon Beyes und Claus Pias,
135–50. Berlin: Diaphanes.

Weis, Rüdiger. 2012. „Nacktscanner fürs Internet." *TAZ*, 24. September 2012. http://
www.taz.de/!102271/.

Wheatstone, Charles. 1834. „An Account of some Experiments to measure the
Velocity of Electricity and the Duration of Electric Light." *Philosophical Transactions* 124: 583–91.

White House. 2013. „Press Conference by the President." Letzter Zugriff am
19. Januar 2015. http://www.whitehouse.gov/the-press-office/2013/12/20/
press-conference-president.

———. 2014. „Statement by the President on Net Neutrality." Letzter Zugriff
am 19. Januar 2015. http://www.whitehouse.gov/the-press-office/2014/11/10/
statement-president-net-neutrality.

Whitney, Lance. 2010. „Tim Berners-Lee: The Web is threatened."
Letzter Zugriff am 19. Januar 2015. http://www.cnet.com/news/
tim-berners-lee-the-web-is-threatened/

Wikileaks. 2011. „The Spy Files." Letzter Zugriff am 19. Januar 2015. http://wikileaks.
org/spyfiles.

Worldwide Human Rights Movement. 2013. „Amesys Case: The Investigation
Chamber green lights the investigative proceedings on the sale of surveillance equipment by Amesys to the Khadafi regime." Letzter Zugriff am
19. Januar 2015. http://www.fidh.org/en/north-africa-middle-east/libya/
Amesys-Case-The-Investigation-12752.

Wu, Tim. 2003. „Network Neutrality, Broadband Discrimination." *Journal of Telecommunications and High Technology Law* 3: 141–76.

———. 2009. „Tim Wu on Packet Inspection." Letzter Zugriff am 19. Januar 2015.
https://www.youtube.com/watch?v=YKwgc_HQhMs.

———. 2015. „Network Neutrality FAQ." Letzter Zugriff am 19. Januar 2015. http://
timwu.org/network_neutrality.html.

Zum Autor

Florian Sprenger ist PostDoc am *Digital Cultures Research Lab*
der Leuphana Universität Lüneburg. Er beschäftigt sich mit
der Mediengeschichte der Elektrizität, der Verwandlung von
Environments in technische Umgebungen, der Geschichte
der Zukunft, Infrastrukturen der Architektur und Theorien
der Medien. Zu seinen Veröffentlichungen zählen *Medien des
Immediaten – Elektrizität, Telegraphie, McLuhan* (2012), *Die Enden
des Kabels* (mit Daniel Gethmann, 2014), *Blitzlicht* (mit Katja
Müller-Helle, 2012) sowie zahlreiche Aufsätze zu Standards,
Environments, Unmittelbarkeiten und Sprüngen.